Hypnose: Antworten aus der Seele

Tobias Duven, Dr. Arno Müller

Hypnose: Antworten aus der Seele

Über die Arbeit mit inneren Bildern und Symbolen

Bibliografische Information der Deutschen Nationalbibliothek:
Die Deutsche Nationalbibliothek verzeichnet diese Publikation in der Deutschen Nationalbibliografie; detaillierte bibliografische Daten sind im Internet über http://dnb.dnb.de abrufbar.

Bild Titel-/Rückseite: spiral stairs, © victor217 stock.adobe.com

Herstellung und Verlag: BoD – Books on Demand, Norderstedt

ISBN: 978-3-74944-627-8

Inhaltsverzeichnis

Einleitung

Die Hypnose stellt ein machtvolles Instrument dar, mit dem Unbewussten Kontakt aufzunehmen, sich seine Inhalte bewusst zu machen und seine Inhalte gezielt zu verändern. Damit besteht die Möglichkeit, psychische Störungen zu heilen oder zumindest zu lindern bzw. Probleme des Alltags erfolgreich zu bewältigen, indem der Klient Zugang zu den Ressourcen seines Unbewussten gewinnt und lernt, sie zu nutzen. Eine genauere Beobachtung spezifischer Trancephänomene macht deutlich, dass das Unbewusste eine innere Dynamik besitzt, die auf Heilung und Ganzheit ausgerichtet ist. Es handelt sich um Selbstheilungskräfte, die auf der psychischen Ebene wirken, um seelische Störungen zu überwinden. Sie wirken aber auch auf die körperlichen Funktionen ein und sorgen für die Heilung physischer Störungen. Diese Kräfte lassen sich aktivieren ohne gezielte Suggestionen über ihre Wirkungsweisen. Die Erfahrung zeigt, dass allgemeine suggestive Anweisungen über die Form ihres Wirkens einen Prozess initiieren, der zum angestrebten therapeutischen Ziel führt. Dies ist aber auch nicht immer der Fall. Manchmal sind direkte Suggestionen nötig, um den Ablauf der Heilung zu strukturieren, sie zu initiieren, Blockaden aufzulösen und unerlässliche Interventionen vorzunehmen. Sehr häufig ist das Unbewusste in der Lage, die Vorgehensweise bei der Therapie bzw. der Problemlösung selbst zu bestimmen. Die dabei ablaufenden Prozesse sind von einer erstaunlichen Intelligenz und weisen darauf hin, dass das Unbewusste über die Fähigkeit verfügt, zu denken und auf vielschichtige Weise Informationen zu verarbeiten. Darüber hinaus verfügt es über ein Informationsmaterial, dass über den Bestand an Daten des Bewusstseins hinausgeht. Die Kommunikation mit der unbewussten Ebene der Psyche geschieht auf eine Weise, in der Bilder und bildhafte Symbole an Stelle der Sprache im Mittelpunkt stehen. Der Prozess der Therapie bzw. der Problemlösung manifestiert sich in der Sequenz von Bildern, die manchmal den Charakter von Geschichten annehmen. Die Veränderungen innerhalb dieses Szenarios spiegeln die verschiedenen Stadien der therapeutisch wirksamen Veränderungen wider. In der vorliegenden Abhandlung werden einige der grundlegenden Prinzipien der Vorgehensweise dargestellt und diskutiert.

Was ist Hypnose?

Die Hypnose gehört zu den rätselhaftesten Erscheinungen des menschlichen Seelenlebens. Sie ermöglicht einen tiefen Einblick in das Unbewusste und in seine innere Dynamik. Mit ihrer Hilfe lassen sich psychische Strukturen und Prozesse auf der unbewussten wie auf der bewussten Ebene so umstrukturieren, dass tiefgreifende Veränderungen im Denken, Fühlen und Verhalten stattfinden. Über die Beeinflussung des vegetativen Nervensystems und des Hormonsystems ist auch die Veränderung körperlicher Vorgänge möglich. Die große Bandbreite der Anwendungsmöglichkeiten macht sie zum geeigneten Instrument zur positiven Veränderung der Persönlichkeit, zur Optimierung der Leistungsfähigkeit und zur Behandlung psychischer und psychosomatischer Störungen. Aufgrund der Möglichkeit körperliche Prozesse zu beeinflussen und zu steuern, lässt sich das Immunsystem aktivieren und damit die Selbstheilungskräfte bei somatischen Erkrankungen stärken. Es stellt sich nun die Frage, was Hypnose ist und wie ihre Wirksamkeit erklärt werden kann. Dass sie wirkt, unterliegt keinem Zweifel, aber es besteht weder Einigkeit darüber, wie der Begriff Hypnose definiert werden soll, noch gibt es wissenschaftliche Theorien, die alle Phänomene, die in ihr auftreten, erklären. Es gibt verschiedenen Modelle, welche einzelne Aspekte von ihr erklären, aber keine, welche eine zureichende Erklärung aller Phänomene liefert.

Wir wollen uns im Folgenden auf bestimmte Formen ihrer Anwendbarkeit in der Praxis beschränken und die Diskussion wissenschaftlicher Theorien zu ihrer Erklärung so gut es geht ausblenden. Eine radikale Beschränkung auf die praktische Vorgehensweise ist jedoch unmöglich. Ein Minimum an theoretischen Voraussetzungen ist unumgänglich. Bei der Auswahl der Definition kann man den Akzent auf unterschiedlich hypnotische Phänomene legen. Es ist möglich, vom Erleben auszugehen oder bestimmte Verhaltensweisen in den Mittelpunkt der Definition zu rücken und damit das Phänomen „Hypnose" zu betrachten.

Der Begriff „Hypnose" ist zweideutig. Er bedeutet sowohl die Einleitung, Vertiefung und Rücknahme spezifischer Zustände als auch diese selbst. Es dient der Klarheit für den Einleitungs- und Vertiefungsprozess, das Wort „Hypnose" zu reservieren und den Begriff „Trance" für den hypnotischen Zustand zu verwenden. Dabei ist zu beachten, dass der Begriff „Hypnose" im strengen Sinne falsch ist. Er wurde im Jahr 1843 von dem schottischen Arzt James Braid eingeführt. Er nahm an, dass durch die Tranceinduktion ein schlafähnlicher Zustand hervorgerufen wird, und bezeichnete diese als Neurohypnose nach Hypnos, dem griechischen Gott des Schlafes. Allerdings erkannte er bald, dass es sich bei der Trance nicht um eine Form des Schlafes handelt, sondern um eine Fokussierung auf bestimmte psychische Inhalte, für die er den Begriff „Monoideismus" prägte, der sich jedoch nicht durchsetzte. Dass Hypnose keinen Schlafzustand darstellt, zeigt sich im Erleben, das dem Wachzustand sehr ähnlich ist. Auch das EEG eines Hypnotisierten ähnelt mehr einem wachen als einem schlafenden Menschen. Wenn wir uns den Trancezustand vergegenwärtigen, so wie wir ihn erleben, steht die Zentrierung und Fokussierung der Aufmerksamkeit im Mittelpunkt. Das normale Wachbewusstsein gleicht einem diffusen Licht, das sich auf einen wechselnden Strom von Sinneseindrücken, Gedanken, Gefühlen und Körperempfindungen richtet. In der Trance ist das Bewusstsein mit einem gebündelten Scheinwerferstrahl vergleichbar, das sich auf wenige Eindrücke richtet. Bei ihm kann es sich um Sinneseindrücke aus der Außenwelt handeln, auf die sich die Person konzentriert. Meist richtet sie sich jedoch auf innere Gegebenheiten wie Empfindungen, Vorstellung usw., womit eine Reihe von Veränderungen verbunden sind. Körperliche Entspannung tritt auf, bildet jedoch nicht unbedingt das wesentlichste Merkmal einer Trance. Körperliche Entspannung tritt vor allem dann in Erscheinung, wenn sie im Rahmen einer Einleitung ausdrücklich suggeriert wurde. Es ist auch möglich, Trancephänomene im Zustand der Anspannung zu erleben, wenn sie durch Bewegungen, wie zum Beispiel Tanzen, induziert wurden. Die Zentrierung und Fokussierung der Aufmerksamkeit auf wenige Inhalte lässt den Strom der Gedanken, Vorstellung, Gefühle und Empfindungen in den Hintergrund treten, wobei er sich immer mehr auflöst und das Bewusstsein sich immer mehr entfernt. Damit ist ein Gefühl der Ruhe verbunden, die sich mit der Vertiefung der Trance zunehmend vertieft. Mit dieser Fokussierung auf wenige Inhalte ist eine Reduktion des kritischen Denkens verbunden. Kritisches Denken impliziert einen Vergleich von Gedanken miteinander in dem Maße, wie das Bewusstsein sich auf wenige Inhalte beschränkt. Dabei entfallen zunehmend Vergleichsoperationen, und es wird dem kritischen Denken zunehmend die Grundlage entzogen. Gleichzeitig öffnet sich der Zugang zum Unbewussten und dem Wissen und den Informationen, die in ihm gespeichert sind. Dies ist vor allem dann der Fall, wenn dies ausdrücklich suggeriert wurde. Es besteht auch die Möglichkeit, diesen Zugang durch entsprechende Suggestionen zu blockieren. Darüber hinaus kann die Sensibilität oder Unempfindlichkeit bestimmter Sinnesorgane spontan oder durch entsprechende Suggestionen extrem gesteigert werden. Es tritt aber noch eine Reihe anderer Phänomene in Trance auf, die alle in den verschiedenen Formen der praktischen Anwendung der Hypnose genutzt werden können.

Folgende Phänomene treten in der Trance auf, obwohl nicht alle zusammen präsent sein müssen.

1. Wenn die Aufmerksamkeit stark fokussiert wird, ist sie unter Umständen für längere Zeit intensiv an spezifische innere Gegebenheiten gebunden, so dass äußere Eindrücke von den Probanden nur am Rande oder überhaupt nicht wahrgenommen werden. Sie sind so tief in ihr gegenwärtiges Erleben versunken, dass andere Wahrnehmungen der Ausblendung unterliegen.

2. In diesem Zustand der Versunkenheit, dem gegenwärtigen Kontext des Erlebens, treten die bewussten und die vom Willen beeinflussten inneren Vorgänge zunehmend in den Hintergrund. Das Individuum wird immer passiver. Seine inneren Prozesse entfalten sich und fließen ohne bewusste Steuerung dahin. Gedanken, innere Bilder, Verhaltensweisen und Empfindungen tauchen auf, wandern durch das Bewusstsein und vergehen wieder, ohne von den aktuellen Bewusstseinsvorgängen gesteuert zu werden. Manchmal stehen die auftauchenden Bilder und Kognitionen im Gegensatz zu den bewussten Erwartungen und widersetzen sich allen Versuchen, sie zu verändern. So kann sich ein Bild manifestieren, das der Proband nicht erwartet hatte und das er vielleicht sogar ablehnt. Nichtsdestoweniger bleibt es präsent und lässt sich durch bewusste Aktivitäten weder verändern noch aus dem Bewusstsein entfernen. Solche Erfahrungen weisen auf die Existenz eines autonomen Persönlichkeitsanteils hin, dessen Prozesse relativ unabhängig von den Aktivitäten des Bewusstseins ablaufen. Weil sich seine Inhalte der bewussten Reflexion entziehen

und nur so weit zugänglich sind, als sie im Bewusstsein erscheinen, bezeichnen wir diese Sphäre der Psyche als das Unbewusste. Das Unbewusste besitzt eine Eigendynamik unabhängig von den Kontrollfunktionen bewusster Prozesse. In ihm liegen Ressourcen und Aktivitäten, welche die Lösung von Problemen und die Heilung psychischer und physische Störungen ermöglichen.

3. Eine Variante automatisierter Verhaltensweisen stellen die ideomotorischen Reaktionen dar. Es handelt sich dabei um unwillkürliche Muskelreaktionen, die spontan auftreten und nicht der bewussten Steuerung unterliegen. Gedanken und Vorstellungen aktivieren Muskelbewegungen, ohne dass Willensregungen steuernd eingreifen. Uns sind im Alltag viele Vorgänge dieser Art bekannt. Wenn wir uns vorstellen, wie wir von jemandem beleidigt werden, kann es geschehen, dass wir unwillkürlich die Faust ballen, oder wir lächeln unwillkürlich, wenn wir an einen freundlichen Kontakt mit einem anderen Menschen denken.

4. In der Trance ändert sich auch die Art des Denkens. Das Erleben tritt in den Vordergrund, wobei das begriffliche Denken an Bedeutung verliert. Erfahrungen werden hingenommen, ohne das Bedürfnis, sie zu verstehen bzw. sie begrifflich zu analysieren. Das sprachgebundene Denken verliert an Bedeutung. Die Denkvorgänge sind weniger verbal und abstrakt. An die Stelle des inneren Sprechens tritt ein Strom von Bildern von weitgehend symbolischem und metaphorischem Charakter. In der Symbolik manifestieren sich unter anderem unbewusste Strukturen und Prozesse. In der Interaktion zwischen bewussten Vorgängen und den Symbolen lässt sich der unbewusste Bereich beeinflussen. In den Symbolen bringt das Unbewusste innere Konflikte, Spannungen und Probleme zum Ausdruck, stellt aber auch normale unproblematische Sachverhalte dar. Im Prozess der Symbolveränderung, ausgelöst durch gezielte

Suggestionen oder durch autonome Veränderungen, findet eine Transformation des psychischen Hintergrundes der Symbolik statt. Dies manifestiert sich ggf. in Form der Auflösung der Symptomatik psychischer und körperlicher Störungen oder in der Umstrukturierung des Denkens, Fühlens und Verhaltens. Damit wird nicht unbedingt eine therapeutische Zielsetzung verfolgt, sondern eine Optimierung der Leistung und eine verbesserte Lebensführung intendiert. Auch wenn viele innere Bilder Symbolcharakter besitzen, ist dies nicht immer der Fall. Manche repräsentieren Erinnerungen an Situationen der persönlichen Lebensgeschichte oder beziehen sich auf objektive Sachverhalte, die sie abbilden. Es ist durchaus möglich, dass solche Bilder neben der Funktion der Abbildung auch symbolische Aspekte besitzen. Erst die Berücksichtigung des Kontextes, in dem sie auftauchen, lässt ein Urteil zu.

5. Logik der Trance und Veränderung der generalisierten Realitätsorientierung: In der Trance manifestieren sich Realitätszusammenhänge und Konfigurationen von Bildern und Kognitionen, die von dem, was wir in der Alltagserfahrung als real und gültig ansehen, erheblich abweichen bzw. die zu den Prinzipien unserer zu Grunde liegenden Welterfahrung im Widerspruch stehen. Logische Widersprüche nehmen wir ebenso widerspruchslos hin wie Verstöße gegen die Naturgesetze. So kann ich mich gleichzeitig mit mir selbst und mit einer anderen Person oder einem anderen Gegenstand als identisch erleben oder einen Sachverhalt sowohl als gültig als auch als ungültig erfahren, ohne die eigenen Erfahrungen aufgrund der logischen Widersprüchlichkeit als absurd zu verwerfen. Die in der Trance sich entfaltenden Bilderwelten enthalten Strukturen und Prozesse, die unvereinbar sind mit den Naturgesetzen, welche die physikalische Welt beherrschen. Unbelebte Dinge können sprechen, ggf. brennt Wasser und kühlt Feuer, wir sind dort in der Lage, ohne Hilfsmittel zu fliegen, durch geschlossene Wände zu gehen, uns gleichzeitig an verschiedenen Orten

aufzuhalten. Erfahrungen dieser Art akzeptieren wir als gültigen Bestandteil der Tranceerfahrung, ohne dagegen Einwände zu erheben. Unsere generelle Realitätsorientierung, die Kriterien für das, was wir im Alltag als Realität ansehen, verlieren teilweise oder ganz ihre Gültigkeit, ohne dass wir die in der Hypnose gemachten Erfahrungen als unsinnig verwerfen. Zur generalisierten Realitätsorientierung gehören folgenden Prinzipien:

a. Jeder dreidimensionale Körper nimmt einen bestimmten Raum zu einer bestimmten Zeit ein.

b. An dem Ort, wo sich ein Objekt befindet, kann zur gleichen Zeit kein anderes sein.

c. Ein Gegenstand, der sich von einem Ort zu einem anderen bewegt, durchläuft dabei einen bestimmten Raum.

d. Die Ereignisse im Universum sind durch das Prinzip der Kausalität miteinander verbunden usw.

Normalerweise wird eine Verletzung solcher Grundsätze, die für unser Realitätsverständnis konstitutiv sind, uns einen Schock versetzen. In der Trance dagegen nehmen wir solche ungewöhnlichen Erfahrungen als selbstverständlich hin. Massive Verstöße gegen unser Realitätsverständnis nehmen wir widerspruchlos hin, ohne dass wir Abwehrreaktionen äußern. Solche und ähnliche Erfahrungen weisen auf ein wichtiges Merkmal der Trance hin, das für ihre Anwendung in der Praxis von großer Bedeutung ist. Starre Gedankenformen unterliegen einer Relativierung bzw. Auflösung. Das Denken bzw. die inneren Bilder sind flüssiger und flexibler. Sie lassen sich relativ leicht auflösen und kombinieren. Der Proband ist bereit, bei der Lösung seiner Probleme mit neuen Perspektiven zu experimentieren, alte, festgefahrene Standpunkte hinter sich zu lassen und neue Gesichtspunkte zu entwickeln und zu erproben. Das Denken im Unbewussten ist flexibler und erlaubt ein breiteres Spektrum von Verknüpfungen und Variationen, als es auf der Ebene des wachen Bewusstseins der Fall ist. Die Bereitschaft gegen die Prinzipien der Logik und alltäglichen Welterfahrung zu verstoßen, macht deutlich, dass das Denken in der Trance nicht im Rahmen eines Entweder-oder-Verhältnisses operiert, welches sich an starren Gegensätzen orientiert, die sich gegenseitig ausschließen. Symbole sind dagegen mehrdeutig. Sie erlauben die Verknüpfung gegensätzlicher und widersprüchlicher Bedeutungen in Sowohl-als-auch-Beziehungen. In einer bestimmten Symbolik finden wir häufig die Verdichtung verschiedener Bedeutungsebenen, die vom Standpunkt des rationalen Denkens einander ausschließen. Solche Verknüpfungen finden wir häufig im mythologischen Denken. So repräsentiert die große Mutter sowohl die Macht, die das Leben spendet, als auch die es im Tod wieder nimmt. Widersprüchliche und ambivalente zwischenmenschliche Beziehungen und Konflikte manifestieren sich häufig in symbolischen Bildern. Umgekehrt können Symbole, die paradoxe bzw. scheinbar widersprüchliche Botschaften enthalten, komplexe Prozesse aktivieren, die therapeutische Veränderungen initiieren, die vom rationalen Standpunkt aus betrachtet nicht nachvollziehbar sind. Die Flexibilität unbewusster Prozesse steht im Gegensatz zu starren Programmen, die oft das Bewusstsein beherrschen. Die Muster, die das bewusste Denken, Fühlen und Verhalten steuern, erweisen sich oft als unangemessen und erlauben keine angemessene und sinnvolle Anpassung an die sozialen und natürlichen Umweltbedingungen. Das in ihnen gefangene Individuum ist unfähig, konstruktive Alternativen zu entwickeln und angemessen einzusetzen. Der Rückgriff auf das Unbewusste erleichtert die Entwicklung neuer Möglichkeiten, Probleme zu lösen und Störungen zu überwinden. Die Flexibilität unbewusster Prozesse ist nicht unbeschränkt. Suggestionen, die dem Wertesystem des Individuums widersprechen und oder mit dem moralischen Wertesystem vereinbar sind, nimmt es nicht auf und setzt es auch nicht um. Ein verborgener innerer Beobachter unterzieht die empfangenen Suggestionen einer Bewertung, ob sie akzeptiert oder zurückgewiesen werden.

6. Dissoziation. Ein weiteres grundlegendes Trancephänomen ist die Dissoziation, die sich auf verschiedenen Ebenen bemerkbar macht. Sie äußert sich bspw. in Form von spontanen Muskelreaktionen, die zu Bewegungen von Gliedmaßen führen. Spontan bewegen sich Hände, Arme oder Beine, ohne vom bewussten Willen gesteuert zu werden. Der Proband hat den Eindruck, dass sie sich unabhängig vom Ich selbst bewegen. Auch Empfindungen können so weit vom bewussten Erleben abgespalten werden, dass einzelne Körperteile oder sogar der ganze Organismus sich der Wahrnehmung entzieht. Das Gleiche erleben wir auch bei Denkprozessen, die unterhalb der Schwelle des Bewusstseins ablaufen, ohne in der Lage zu sein, sie bewusst zu registrieren. Spontane schöpferische Einfälle, Lösungen von Problemen, die sich in Form von Bildern, Träumen und Gedanken bemerkbar machen und nicht zurückgehen auf bewusste Denkoperationen, weisen auf die Existenz unbewusster Denkprozesse hin. Manchmal machen wir auch die Erfahrung, dass Gefühle von Kognitionen und Erinnerungen an bestimmte Ereignisse so weit abgespalten sind, dass wir nicht mehr in der Lage sind, sie bewusst zu registrieren. Belastende Ereignisse treten in der Erinnerung auf ohne die mit ihnen verbundenen Gefühle. Sie sind zwar noch vorhanden, lassen sich aber nicht bewusst wahrnehmen. So kann es geschehen, dass sie zu einem späteren Zeitpunkt das Bewusstsein überwältigen. Während der Trance sind oft weite Teile des Wahrnehmungsfeldes dissoziiert. Der Proband nimmt möglicherweise nur Ausschnitte der gesamten Situation wahr, in der er sich gerade befindet. Manchmal äußert sich die Dis-

soziation in Form des Tunnelblicks. Das periphere Gesichtsfeld ist dunkel und verschwimmt in einem diffusen Nebel.

7. Veränderung der sensorischen Wahrnehmung. In der Trance verändert sich die sensorische Erfahrung. Davon können alle Sinnesmodalitäten betroffen sein. Bei geöffneten Augen ist die Intensität der Farbwahrnehmung gesteigert. Auch die akustische Wahrnehmung unterliegt manchmal bestimmten Veränderungen. Die Aufmerksamkeit des Hypnotisierten richtet sich vor allem auf die Stimme des Hypnotiseurs. Alle anderen Geräusche treten als bedeutungslos in den Hintergrund oder werden vollständig ausgeblendet. Der Klang der Stimme des Hypnotiseurs ändert sich. Manchmal ändert sich auch ihre Lokalisierung im Raum. So scheint sie näher zu kommen, um sich dann wieder zu entfernen. Auch kinästhetische Prozesse machen sich bemerkbar: Empfindungen der Schwere und Wärme, manchmal auch der Leichtigkeit. Es kommt aber auch vor, dass der Proband eine Leichtigkeit im Körper erlebt oder den Eindruck hat zu schweben. Gelegentlich verschwimmen auch die Grenzen des Körpers, und es entsteht der Eindruck, mit der Unterlage zu verschmelzen. Auch seine Proportionen scheinen sich zu verändern. Arme und Beine verlängern oder verkürzen sich, der Kopf wird größer oder kleiner.

8. Schmerzempfindungen können in Trance verstärkt oder verringert werden. Die Schmerzunempfindlichkeit lässt sich bis zu vollständiger Schmerzlosigkeit steigern, so dass Operationen in Trance möglich sind. Die durch die hypnotische Analgesie und Anästhesie bedingte Reduktion von Schmerzzuständen erlaubt die erfolgreiche Bewältigung chronischer Schmerzzustände, die mit körperlichen Krankheiten zusammenhängen.

9. Veränderung des Zeitempfindens. In der Trance kann die Zeit als gedehnt oder gerafft empfunden werden. Der Proband erlebt vielleicht eine Minute als eine Stunde oder eine Stunde als

eine Minute. Manchmal verliert er auch jedes Zeitgefühl und hat den Eindruck, in einer zeitlosen Gegenwart zu existieren. Mit Hilfe der Altersregression ist die Reaktivierung vergangener Situationen in der Wahrnehmung und im Erleben möglich. Der Proband hat den Eindruck, vergangene Situationen seiner Lebensgeschichte mit all seinen Sinnen wahrzunehmen, einschließlich der damals erlebten Körperempfindung und Gefühle. Dies ermöglicht die Bewusstmachung und Bearbeitung traumatischer Erfahrungen der eigenen Biographie. Mit Hilfe der Altersprogression, indem der Proband zukünftige Ereignisse visualisiert, ist es ihm möglich, potenzielle Nebenwirkungen bereits erarbeiteter Lösungen zu antizipieren und sich aufgrund der Informationen, die er erhält, für bzw. gegen etwas zu entscheiden. Es ist auch möglich, von einem zukünftigen Standpunkt aus mögliche Lösungen für gegenwärtige Probleme zu finden, die noch nicht im Feld des Bewusstseins erschienen sind.

10. Hyperemesis. In Trance lässt sich die Gedächtnisleitung so weit steigern, dass der Proband Zugang zu seinen vergessenen und verdrängten Gedächtnisinhalten der eigenen Biographie gewinnt. Im Prozess der Altersregression findet eine Steigerung der Gedächtnisleistung statt, wodurch er in der Lage ist, belastende Erinnerungen bewusst zu machen und sie zu verarbeiten, so dass sie ihre destruktiven Auswirkungen verlieren.

11. Erhöhung der Suggestibilität. Viele Probanden erleben in der Trance eine Steigerung ihrer Suggestibilität. Ihre Fähigkeit nimmt zu, Suggestionen aufzunehmen und zu realisieren. Unter Suggestionen versteht man verbale Äußerungen oder nonverbale Verhaltensweisen, die beim Empfänger eine unbewusste und unwillkürliche Reaktion auslösen ohne Beteiligung bewusster, durch den Willen gesteuerter kognitiver Vorgänge. Man unterscheidet Heterosuggestion und Autosuggestion. Bei der Heterosuggestion gibt eine Person einer anderen die Sug-

gestion, bei der Autosuggestion ist der Sender identisch mit dem Empfänger. Jede Heterosuggestion entfaltet ihre Wirkung aber nur dann, wenn der Empfänger sie in eine Autosuggestion umwandelt. Für die Hypnose bedeutet dies, dass jede Fremdhypnose, bei der eine Person eine andere erfolgreich hypnotisiert, immer eine Selbsthypnose darstellt. Eine schrankenlose Manipulation des Probanden mit Hilfe der Hypnose ohne dessen Bereitschaft, zumindest auf der Ebene des Unbewussten, ist damit ausgeschlossen.

12. Posthypnotische Suggestionen. Unter Posthypnotischen Suggestionen versteht man solche, die in der Trance gegeben werden, sich aber erst nach der Trance auswirken. Für die therapeutische Praxis ist dieses Phänomen von außerordentlicher Bedeutung. Wird ein Zustand in Trance induziert, welcher der Bewältigung von Problemen in bestimmten Alltagssituationen dient, lässt er sich durch Posthypnotische Suggestionen vom Kontext der Trance auf den Kontext des Problems übertragen. Benötigt der Proband bspw. Ruhe und Gelassenheit, lassen sich diese Zustände in der Trance aktivieren und durch posthypnotische Suggestionen auf die Prüfungssituation übertragen.

13. Motorische und verbale Hemmungen. Charakteristisch für die Trance ist eine gesteigerte Passivität, die sich in der Abneigung zu sprechen und zu bewegen äußert. Wird der Proband aufgefordert, bestimmte Bewegungen auszuführen, sich verbal zu äußern, dauert es manchmal längere Zeit, bis die Reaktion erfolgt.

14. Amnesie. Manchmal erinnern sich Probanden nach Beendigung der Trance nur an einige Aspekte des Erlebten. Es handelt sich dabei um eine partielle Amnesie. Eine vollständige Amnesie liegt vor, wenn er oder sie sich an nichts von dem erinnert, was sich in der Trance ereignet hat. Möglich ist es auch,

partielle und vollständige Amnesien durch Suggestionen zu erzeugen. Ein solches Vorgehen kann sinnvoll sein, wenn traumatische Ereignisse in der Trance zu schwerwiegenden Belastungen führen oder wenn die Erinnerungen an das im Zustand Erlebte den angestrebten Veränderungsprozess stören.

Indikatoren der Trance

Merkmale, an denen das Vorliegen einer Trance erkennbar ist:

1. Verlangsamte Körperbewegungen und die Abneigung, sich zu bewegen und zu sprechen
2. Langsames und leises Sprechen
3. Veränderungen der Atmung, der Atemrhythmus verlangsamt sich und wird regelmäßiger, der Atem verlagert sich von der Brust in den Bauch
4. Verlangsamung der Puls- und Herzfrequenz
5. Die Gesichtsmuskulatur glättet sich, besonders im Bereich der Wangen
6. Die Gesichtsfarbe verändert sich, wird entweder blasser oder gerötet
7. Die Reflextätigkeit ist verzögert oder verschwindet
8. Die Orientierungsreaktion nimmt ab oder geht verloren
9. Zeitliche Verzögerung bei Bewegung, beim Sprechen und im begrifflichen Denken
10. Spontane ideomotorische Reaktionen, z. B. Zucken der Finger, Armlevitation, Zittern der Augenlider
11. Katalepsie, die Glieder können in Stellungen gebracht werden, in denen sie längere Zeit verharren
12. In tiefer Trance ist der Proband fähig die Augen zu öffnen, ohne dass dadurch der hypnotische Zustand sich auflöst. Es kommt zur Abnahme bzw. zum Verlust des Lidschlagreflexes. Die Augenlider zittern. Der Blick ist fixiert auf einen imaginären Punkt in der Ferne und die Pupillen erweitern sich. Die Augenbewegungen nehmen ab, sie werden schließlich geschlossen.
13. Vegetative Prozesse wie Durchblutung und Produktion der Magensäure sind durch Suggestionen möglich
14. Stresshormone wie Katecholamine im Blut werden vermindert

Die Stadien der Trance

Die Trance tritt in unterschiedlichen Graden der Tiefe auf. Es gibt verschiedene Einteilungen der Tiefengrade. Weitverbreitet ist die Unterscheidung in leichte, mittlere und tiefe Trance. Am Anfang steht der hypnoide Zustand. Er ist gekennzeichnet durch Flattern der Augenlider, körperliche Entspannung, Schließen der Augenlider, Empfindungen muskulärer Schlaffheit (Lethargie).

Leichte Trance: Unfähigkeit, die Augen zu öffnen (Lethargie), Entspannung, Augenkatalepsie, Katalepsie isolierter Muskelgruppen, z. B. Armkatalepsie, Katalepsie vollständiger Muskelgruppen oder Ganzkörperkatalepsie, langsame regelmäßige Atmung.

Mittlere Trance: Anästhesie der Hand, partielle Amnesie, Halluzinationen in Trance.

Tiefe Trance (Somnambulismus): Fähigkeit, die Augen zu öffnen, ohne dadurch die Trance zu unterbrechen, vollständige Amnesie, ausgedehnte Anästhesie, Altersregression, posthypnotische positive und negative Halluzinationen. Eine eindeutige Zuordnung bestimmter Phänomene zu bestimmten Stadien einer Trance ist nicht immer möglich, d. h. individuelle Abweichungen von diesem Schema treten immer wieder auf.

Ablauf einer Hypnosesitzung

Hypnosesitzungen lassen sich auf der Grundlage eines relativ stabilen formalen Ablaufschemas aufbauen, das inhaltlich eine große Variationsbreite ermöglicht. Dabei ist es relativ gleichgültig, ob mit ihnen therapeutische oder andere Ziele verfolgt werden. Am Anfang steht immer ein Vorgespräch, das inhaltlich erheblich variieren kann. Handelt es sich um die erste Sitzung, enthält es Informationen über die zur Anwendung gelangenden Verfahren. Die Gründe für das Kommen des Klienten werden erörtert und die Ziele, die er anstrebt, herausgearbeitet. Sind schon eine oder mehrere Sitzungen vorausgegangen, werden ihre Auswirkungen sowie die sich aus ihnen ergebenden Zielsetzungen des Weiteren erörtert. Der Klient berichtet, wie er sich nach der letzten Intervention in Trance gefühlt hat, was sich in seinem Befinden geändert hat, ob neue Aspekte seiner Problematik aufgetaucht sind, die bearbeitet werden müssen. Nach dem Vorgespräch erfolgt die Tranceinduktion, wobei der Hypnotiseur die Methode auswählt, die ihm am vielversprechendsten erscheint, die er gut beherrscht bzw. auf die der Klient bereits positiv angesprochen hat. Ist die Trance eingeleitet, wird sie durch entsprechende Methoden vertieft, bis ein Zustand der Versenkung erreicht ist, der eine günstige Voraussetzung für die angestrebte Arbeit darstellt. Danach wendet der Hypnotiseur/die Hypnotiseurin die Methoden an, die ihm bzw. ihr geeignet erscheinen, um die therapeutischen oder anderen Ziele zu verwirklichen. Es besteht aber auch die Möglichkeit, auf diese Phase zu verzichten und sich auf die Induktion und die Vertiefung zu beschränken. Eine solche Leerhypnose ist hilfreich bei Probanden, welche die Hypnose noch nicht kennen und die auf diese Weise erste Erfahrung mit ihr sammeln. Nach Beendigung der Leerhypnose bzw. nach Abschluss der Interventionen erfolgt die Ausleitung der Trance. Der Proband kehrt nach Rücknahme der in ihr aufgetretenen Phänomene in den normalen Bewusstseinszustand zurück. Nicht zurückgenommen werden die in der Hypnose induzierten erwünschten Effekte, die sich im Alltag positiv auswirken sollen.

Formen der Tranceinduktion

Es gibt eine große Anzahl von Induktionen, Trancezustände zu aktivieren und zu vertiefen. Nicht jedes Verfahren ist für jeden Probanden geeignet. Die Methoden unterscheiden sich in vielerlei Hinsicht. Bei manchen liegt das Schwergewicht auf bestimmten Sinneskanälen. So arbeiten einige von ihnen mit inneren Bildern, andere konzentrieren sich auf den kinästhetischen Sinneskanal, indem sie sich primär mit Empfindungen befassen. Wieder andere sprechen alle Sinneskanäle an. Manche Einleitungsverfahren nehmen mehr Zeit in Anspruch, andere sind sehr kurz oder im Fall der sogenannten Blitzhypnose extrem kurz. Die Beherrschung mehrerer Induktionsstile ist wichtig, weil auf diese Weise den besonderen Dispositionen der unterschiedlichen Klienten Rechnung getragen wird und die Erfolgschancen damit wachsen.

Fixations- und Faszinationsmethode

Beide Verfahren stellen gewissermaßen klassische Verfahren dar, die zum Repertoire früherer Hypnotherapeuten gehörten und auch heute noch eine Rolle in der Praxis spielen.

Die Fixationsmethode

Bei der Fixationsmethode fordert der Hypnotiseur, einen Punkt an der Decke oder ein Objekt zu fixieren, das sich ca. 20-30 cm über den Augen befindet, wobei die Augäpfel leicht nach oben gedreht sind. Folgende Suggestionen leiten die Trance ein:

„Blicken Sie auf das Objekt,

gleich spüren Sie, wie die Augenlider sich entspannen und immer schwerer werden.
Sie werden immer schwerer und fallen zu."

Der Proband schließt die Augen ruckweise wie einen Rollladen, der herabgelassen wird.

„Ihr Körper entspannt sich immer mehr.
Die Arme entspannen sich,
die Beine entspannen sich,
der Oberkörper entspannt sich immer stärker.
Brustkorb und Rücken lassen alle Spannungen los.
Die Entspannung wird immer tiefer und intensiver,
jetzt entspannt sich auch Ihr Unterleib.
Die Entspannung in Ihrem Unterleib
und in Ihrem Becken
verstärkt sich immer mehr.
Und während die Entspannung sich immer mehr verstärkt,
erleben Sie eine tiefe Ruhe in sich aufsteigen.
Ihr Körper,
Ihr Geist
und Ihre Seele
sind erfüllt von einer angenehmen Ruhe,
die sich mit jedem Atemzug immer mehr und mehr vertieft.
Mit jedem Atemzug vertieft sich die Entspannung in Ihrem ganzen Körper,
nimmt die Ruhe immer mehr zu ..."

In vielen Einleitungstexten wird die Entspannung mit der Schwere assoziiert. So heißt es bspw. „Ihre Arme werden immer schwerer, die Beine sind schwer." Häufig trifft es zu, dass der Proband die Entspannung auch als Schwere erlebt. Dies ist jedoch nicht immer der Fall. Manche Probanden empfinden sie als Leichtigkeit, als einen Strom von Wärme oder als ein Kribbeln. Identifiziert der Hypnotiseur die Entspannung mit der Empfindung und erlebt der Hypnotisierte etwas anderes, so kann er überzeugt sein, dass die Tranceinduktion fehlgeschlagen ist. Ähnlich verhält es sich mit der Schlafsuggestion. Wenn der Hypnotiseur die Trance als Schafzustand auffasst und suggeriert: „Sie schlafen tief und fest", kann dies zu Verwirrung führen, wenn der Proband den hypnotischen Zustand nicht als Schlaf erlebt, sondern als eine Form des Wachszustandes. In der Tat handelt es sich bei der Trance nicht um einen Schlaf, sondern die Person hat den Eindruck, wach zu sein. Um Missverständnisse und daraus resultierende Blockaden zu verhindern, sollte man an Stelle von Schwere eine Reihe von Empfindungen nennen, die als Ausdruck von Entspannung in Frage kommen:

„Vielleicht erleben Sie die Entspannung als Schwere,
möglicherweise als Leichtigkeit
oder als ein Strom von Wärme
oder als Kribbeln.
Was immer Sie empfinden mögen,
es ist der angemessene Ausdruck von Entspannung."

Auf diese Weise trägt man den verschiedenen Möglichkeiten Rechnung, wie sich die Entspannung im Erleben manifestieren kann. Es ist auch sinnvoll, an Stelle des Ausdrucks „Schlaf" andere Formulierungen zu wählen. Hier kommen Begriffe wie „Ruhe", „Stille", „innerer Frieden" in Frage. Sie geben die Erfahrung des Probanden auf eine angemessenere Art wieder als der problematische Begriff des Schlafs.

Die Faszinationsmethode

Bei der Faszinationsmethode induziert der Hypnotiseur die Trance, indem er dem Probanden den Punkt zwischen den Augenbrauen fixiert. Er kann die Induktion einleiten, indem er den Klienten auffordert, auf den Punkt zwischen seinen Augen zu blicken. Alle anderen

Suggestionen wie Lidschluss, Entspannung und Ruhe stimmen mit der Vorgehensweise der Fixationsmethode überein.

Verbalinduktion

Sowohl bei der Fixations- als auch bei der Faszinationsmethode wird die Aufmerksamkeit des Probanden zuerst nach außen gerichtet und nach dem Lidschluss erfolgt die Rückwendung nach innen. Um eine Trance einzuleiten, ist dieser erste Schritt nicht unbedingt notwendig. Es ist auch möglich, gleich mit geschlossenen Augen zu beginnen:

„Schließen Sie Ihre Augen.
Achten Sie auf den Strom Ihres Atems,
wie er kommt
und geht,
wie Sie einatmen
und wieder ausatmen
in dem Rhythmus, der für Sie angenehm und wohltuend ist.
Während Sie Ihre Aufmerksamkeit auf Ihren Atem richten,
spüren Sie eine angenehme Entspannung in sich aufsteigen.
Die Muskeln Ihrer Augenlider entspannen sich,
Sie lassen alle Spannungen los,
Entspannung fließt hinein,
Sie fühlen sich gelöst und frei.
Und jetzt breitet sich die Entspannung in Ihrem Oberkiefer aus.
Die Muskeln Ihres Oberkiefers lockern sich.
Sie lassen alle Spannung los.
Entspannung fließt hinein und verstärkt sich mit jedem Atemzug.
Die Entspannung strömt nun in Ihren Unterkiefer.
Die Muskeln Ihres Unterkiefers entspannen sich.
Sie lassen alle Spannung los,
Sie fühlen sich vollkommen gelöst und frei.

Die Entspannung wird immer stärker und intensiver.
Sie spüren, wie sie in Hals und Nacken strömt,
wie sie sich immer mehr verstärkt,
während die Muskeln alle Spannung loslassen.
Von Hals und Nacken breitet sich die Entspannung in die Schulter
aus
und wird mit jedem Atemzug stärker und stärker.
Alle Spannungen lösen sich auf.
Während sich die Entspannung mehr und mehr verstärkt
entspannen sich auch die Muskelpartien Ihrer Oberarme.
Sie lassen alle Spannung los,
während die Entspannung an Intensität zunimmt.
Auch die Unterarme entspannen sich mit jedem Atemzug immer
intensiver.
Sie lassen alle Spannungen los, während Sie sich immer mehr dem
Zustand der Entspannung öffnen.
Von den Unterarmen strömt die Entspannung weiter in die Hände.
Die Muskeln der Hände und Finger entspannen sich immer mehr
und mehr.
Sie lassen alle Spannungen los und fühlen sich gelöst und frei an.
Während Sie Schulter,
Arme
und Hände immer stärker entspannen,
breitet sich die Entspannung auch in Ihrem Oberkörper aus.
Alle Muskeln Ihres Rückens lockern sich und lassen Spannungen
los. Mit jedem Atemzug gewinnt die Entspannung im ganzen
Oberkörper an Tiefe,
Kraft und Intensität.
Alle Muskeln von Unterleib und Becken lassen Spannung los und
fühlen sich immer gelöster an,
während die Entspannung an Intensität zunimmt.
Vom Unterleib und Becken breitet sie sich in den Oberschenkeln
aus.
Die Muskeln der Oberschenkel lassen Spannung los
und lassen Entspannung hineinströmen.

Während Sie sich mehr und mehr entspannen,
breitet sich die Entspannung in den Unterschenkelmuskeln aus.
Mit jedem Atemzug gewinnt sie an Tiefe,
Kraft
und Intensität.
Während die Muskeln der Unterschenkel sich immer mehr lockern
und Spannung loslassen, empfinden Sie,
wie die Entspannung sich auch in den Füßen ausbreitet.
Die Muskeln Ihrer Füße entspannen sich,
mit jedem Atemzug lockern sie sich und entspannen sich mehr und mehr.
Richten Sie Ihre Aufmerksamkeit wieder auf Ihren Atem!
Immer wenn Sie einatmen, strömt Entspannung in Sie hinein.
Immer wenn Sie ausatmen, atmen Sie restliche Spannung aus.
Sie atmen restliche Spannung aus
und Entspannung ein
und gehen dabei immer tiefer in den wohltuenden Zustand der absoluten Freiheit und Gelöstheit.
Während sich Ihr Körper immer tiefer entspannt,
strömt eine angenehme Ruhe in Sie hinein,
die sich mit jedem Atemzug immer mehr vertieft.
Diese Ruhe erfüllt alle Zellen, alle Organe und Organsysteme und reinigt, heilt und erneuert sie.
Im Strom der Ruhe gewinnt Ihr Organismus neue Kraft.
Die Stille und der innere Frieden breiten sich auch in Ihrem Bewusstsein aus
und erfüllen die Regionen Ihres Unbewussten.
Körperbewusstsein und Unterbewusstes haben Teil am gläsernen Meer der Stille.
Sie werden eins mit dem unermesslichen Raum des Friedens.
Und wenn Sie nun Ihre Aufmerksamkeit auf Ihre Gedanken und Vorstellungen richten, nehmen Sie wahr,
wie sie aus der Tiefe Ihres Unbewussten aufsteigen,
durch den Raum Ihres Bewussten wandern,
um dann wieder im Meer des Unbewussten zu versinken.

Während Sie den Strom Ihrer Gedanken und Vorstellungen wahrnehmen,
ziehen sich diese mehr und mehr zurück
und treten immer mehr in den Hintergrund
und lösen sich schließlich auf.
Während Ihr Bewusstsein in seiner Reinheit,
Klarheit
und leuchtenden Präsenz hervortritt."

Pacing, Leading und Ja-Haltung

Die Induktion einer Trance wird gefördert, die vom Probanden als
zutreffend beurteilt wird. Während zu Beginn der Einleitung Suggestionen gegeben werden, die sich auf Erfahrungen beziehen, die er ge-
genwärtig macht, ist der Proband bereit, sich auf neue Erlebnisse ein-
zulassen, die ihm einsuggeriert werden. Sagt der Hypnotiseur bspw. in
der Einleitung, was der Proband empfindet, werden weitere Suggestionen, die Inhalte vermitteln, bereitwillig akzeptiert. Der erste Teil dieses Prozesses wird auch als Pacing oder Folgen bezeichnet. Er enthält
bspw. folgende Suggestionen:

„Sie hören meine Stimme.
Sie spüren den Druck der Liege auf Ihrem Rücken.
Sie empfinden den Strom Ihres Atems, wie er in Ihren Körper hinein-
fließt und in wieder verlässt." usw.

Nach einigen Suggestionen, die sich auf konkrete Erfahrungsinhalte beziehen, wird zum Leading, zum Führen, übergegangen. Die Hyp-
notiseurin/der Hypnotiseur suggeriert Erfahrungsinhalte, die im Erleb-
niskontext bislang noch nicht gegeben waren. Zum Beispiel:
„Ihr Körper entspannt sich,
eine tiefe Ruhe steigt in Ihnen auf."

Indem der Proband die Erfahrungen der Pacingphase als real erlebt, ist er bereit den Suggestionen der Leadingphase zu folgen und die suggerierten neuen Erlebnisse als wirklich zu erleben. Die Bereitschaft, das Spektrum der Erfahrung durch die neuen suggerierten Inhalte zu erweitern, wird durch Gemeinplätze gefördert, die der Proband als gültig ansieht. Seine Ja-Haltung wird unterstützt durch Suggestionen wie:

„Jeder weiß, dass man aus der Ruhe neue Kraft schöpfen kann,
wie angenehm ist es, an einem warmen Sommertag im kühlen Schatten eines Baumes zu liegen,
sich im weichen Gras auszustrecken und auf die grünen Blätter zu blicken, die im Glanze der Sommersonne leuchten,
und es zu genießen, die unermessliche Weite des blauen Himmels zu betrachten
und in der Unendlichkeit des kosmischen Raumes aufzugehen."

Werden solche und ähnliche Gemeinplätze in der Induktionsphase eingestreut, so verstärkt das die Tendenz, weitere Suggestionen in Erfahrungsinhalte umzusetzen.

Induktion mit Bildern

Probanden mit gut entwickelter Imaginationsfähigkeit, die in der Lage sind Bilder zu visualisieren, können mit ihrer Hilfe tiefe Trancezustände erfahren. Es gibt verschiedene Möglichkeiten ein solches Bildmaterial zu entwickeln. So fragt man bspw. im Vorgespräch, was der Klient mit Entspannung verbindet. Danach ermittelt man, welche Bedeutung einzelne Bildelemente für ihn besitzen. Aus den angegebenen Assoziationen wird der Suggestionstext aufgebaut und dem Probanden vorgetragen. Angenommen, er findet den Anblick eines Meeresstrandes besonders entspannend: Mit dem Anblick des Meeres verbindet er Freiheit, der blaue Himmel löst ein Gefühl der Ruhe aus, während der

Strand Freude aktiviert. Alle diese Assoziationen gehen in den Suggestionstext ein:

„Schließe deine Augen,
stelle dir das weite Meer,
den blauen Himmel
und den weißen Strand vor.
Während du langsam den Strand entlanggehst
und auf das Meer blickst,
spürst du ein wohltuendes Gefühl der Freiheit in dir aufsteigen.
Während dein Blick über den Himmel wandert,
erfüllt dich eine wundervolle Ruhe und Entspannung,
die sich mit jedem Atemzug mehr und mehr vertieft.
Während du am Strand entlanggehst
und den weichen Sand unter deinen Füßen spürst,
breitet sich eine wundervolle Freude in dir aus,
die mit jedem Schritt an Tiefe und Kraft zunimmt.
Du legst dich in den Sand,
schließt die Augen
und lauschst dem Rauschen der Wellen
und lässt dich davon tragen in den Zustand der Versenkung,
der sich mit jedem Atemzug immer mehr vertieft."

Diese Suggestionen lassen sich variieren, ausbauen und weiter fortsetzen, bis eine ausreichend tiefe Trance erzeugt wurde.

Induktion mit Körperempfindung

Die Konzentration der Aufmerksamkeit auf Körperempfindungen ist auch eine geeignete Methode, eine Trance herbeizuführen. Dies ist vor allem beim Probanden der Fall, die schlecht Bilder visualisieren können und die primär kinästhetisch orientiert sind, d. h. die sehr gut in der Lage sind, Empfindungen in ihrem Körper wahrzunehmen. Das achtsame Registrieren der Empfindungen in den einzelnen Körperteilen reicht häufig aus, einen Trancezustand zu aktivieren. Folgende Suggestionen können gegeben werden:

„Achte auf die Empfindungen im rechten Fuß …
im rechten Unterschenkel …
im rechten Oberschenkel …
im linken Fuß …
im linken Unterschenkel …
im linken Oberschenkel …
im Unterleib und im Becken …
in der Brust …
im Rücken …
in der rechten Hand …
im rechten Unterarm …
im rechten Oberarm …
in der rechten Schulter …
in der linken Hand …
im linken Unterarm …
im linken Oberarm …
in der linken Schulter …
im Hals und im Nacken …
im Gesicht …
in den Augenlidern …
im ganzen Körper.“

Dabei lassen sich gleichzeitig Entspannung und Ruhe suggerieren:

„Während du auf die Empfindungen im Körperteil X achtest, spürst du eine wohltuende Entspannung in dir aufsteigen, die sich mit jedem Atemzug immer mehr vertieft.

Während du dich mehr und mehr entspannst, strömt eine angenehme Ruhe in dich hinein, die alle Zellen, Organe und Organsysteme erfüllt. Die das Bewusstsein und die Tiefe des Unbewussten durchströmt und den Organismus auf allen Ebenen erneuert, reinigt, heilt und stärkt."

Tranceinduktion mit Hilfe der Hand und Armlevitation

Diese Methode bedient sich ideomotorischer Reaktionen. Dabei handelt es sich um Muskelreaktionen, die durch Gedanken und Vorstellungen automatisch aufgelöst werden, ohne Steuerung durch willensbestimmte Denkprozesse. Der Proband hat den Eindruck, dass sich bestimmte Körperpartien von selbst bewegen, ohne dass ihnen bewusste Denkvorgänge zu Grunde liegen. Bei der Hand- und Armlevitation suggeriert man, dass eine Hand bzw. ein Arm immer leichter wird und sich von selbst nach oben bewegt. Hand und Arm bewegen sich dann ruckweise nach oben, wobei der Proband den Eindruck hat, dass die Hand bzw. der Arm vom steuernden Ich abgekoppelt ist und sich von selbst bewegt. Ideomotorische Reaktionen treten in Trance auch häufig automatisch auf, manchmal sind sie jedoch das Ergebnis spezifischer Suggestionen. Sie können auch im Wachzustand suggeriert werden, ohne eine vorherige Tranceeinleitung. Dabei lassen sich mit ihnen Suggestionen verbinden, die zur Induktion eines hypnotischen Bewusstseinszustands führen. Die Levitation von Hand und Arm kann auf folgende Weise zur Herbeiführung einer Trance genutzt werden:

„Lege einen Arm auf eine Unterlage,
du kannst auch mit beiden Armen gleichzeitig arbeiten, wenn es dir angemessen erscheint.
Achte auf die Empfindungen auf der Hand und im Arm ...
du spürst, wie sich ein Gefühl der Leichtigkeit in der Hand und im Unterarm ausbreitet,
das mit jedem Atemzug an Intensität zunimmt.
Hand und Arm werden leichter und leichter.
Indem die Leichtigkeit in Hand und Arm sich steigert,

entwickelt sich in ihnen ein Bewegungsimpuls, der sie nach oben steigen lässt."

Dieser Prozess wird durch die Suggestion bildhafter Vorstellungen unterstützt:

„Hand und Arm sind leicht wie eine Feder,
die von einem warmen Sommerwind in den blauen Himmel getragen wird."

Oder:

„Am Handgelenk ist eine Traube bunter Luftballons befestigt, die Hand und Arm nach oben zieht."

Während die Hand und der Arm sich langsam und ruckweise nach oben bewegen, suggeriert man Entspannung und Ruhe.

„Während sich dein Arm langsam nach oben bewegt, breitet sich eine angenehme Entspannung in deinem Körper aus,
die sich immer mehr vertieft,
während sich die Hand deiner Stirn nähert.
In dem Maße, wie die Entspannung an Tiefe, Kraft und Intensität gewinnt,
entwickelt sich in dir eine Ruhe, die immer stärker und intensiver wird,
während sich deine Hand nach oben bewegt."

Hat der Proband die Augen geöffnet, suggeriert man den Lidschluss für den Fall, dass der Handrücken die Stirn berührt.

„Wenn dein Handrücken die Stirn berührt, fallen deine Augen zu."

Berührt er die Stirn, schließt der Proband die Augen und verharrt bewegungslos in seiner Haltung. Eine Vertiefung der Trance lässt sich erzielen, indem man suggeriert, dass sich der Arm nach unten bewegt, wenn gleichzeitig der Zustand von Entspannung und Ruhe sich immer mehr vertieft.

„Indem sich dein Arm nach unten bewegt, spürst du, wie sich die Entspannung in deinem Körper immer mehr verstärkt und sich gleichzeitig die innere Ruhe und Stille immer mehr vertiefen."

Die Elman-Methode

Die Elman-Methode, entwickelt von dem Hypnotiseur Dave Elman, ist ein Verfahren, dass es erlaubt, schnell tiefe Trancezustände zu erreichen. Sie kann sitzend oder liegend ausgeführt werden. Die Hypnotiseurin/der Hypnotiseur fordern den Probanden auf, die Augen zu schließen, dann sagt sie oder er:

„Entspanne die Augenlider so, dass du sie nicht wieder öffnen kannst,
und lasse die Entspannung hinab bis zu den Zehen fließen."

Dann wird der Proband aufgefordert, die Augen wieder zu öffnen, im Abstand von einigen Zentimetern fährt derjenige, der die Trance induziert, mit drei Fingern über die Augen und sagt:

„Schließe die Augen, die Entspannung verdoppelt sich."

Diese Prozedur wiederholt er dreimal. Danach bleibt der Klient mit geschlossenen Augen sitzen oder liegen. Dann fasst die Hypnotiseurin/der Hypnotiseur einen Arm mit zwei Fingern am Handgelenk und sagt:

„Gleich lasse ich den Arm los, dann wird er herunterfallen wie ein nasser Lappen und du wirst dich so tief entspannen, wie es dir möglich ist."

Wenn er ihn dann loslässt, fällt er hinab und der Klient geht tief in die Entspannung. Dann folgt die zweite Phase der Einleitung. Die Hypnotiseurin/der Hypnotiseur sagt:

„Gleich werde ich dich bitten, laut von hundert rückwärts zu zählen.
Mit jeder Zahl, die du nennst, vertiefen sich deine geistige Entspannung und Ruhe.
Bei 97 hast du alle Zahlen vergessen.
Sie stehen dir aber nach dem Aufwachen wieder völlig zur Verfügung.
Bitte beginne zu zählen!"

Der Proband zählt nun von 100 rückwärts, um dann bei 97 aufzuhören. Er hat alle Zahlen vergessen und einen tiefen Zustand der Trance erreicht. Je nach Zielsetzung wird eine therapeutische oder nicht therapeutische Intervention durchgeführt. Danach nimmt man eine Ausleitung des hypnotischen Zustands vor.

Die Vertiefung der Trance

Nach ihrer Einleitung werden normalerweise Maßnahmen ergriffen, sie weiter zu vertiefen. Es stellt sich hier die Frage, welche Tiefe ein Trancezustand besitzen muss, um mit ihm erfolgreich arbeiten zu können. Bei dem Verfahren, das hier zur Diskussion steht, ist eine leichte bis mittlere Trance ausreichend, um die angestrebte Zielsetzung zu erreichen. Ein tiefer somnambuler Zustand könnte sogar hinderlich sein, da die Gefahr besteht, dass es zu einer Behinderung der verbalen Kommunikation zwischen dem Probanden und der Hypnotiseurin/dem Hypnotiseur kommt. Trotzdem kann es hilfreich sein, im Anschluss an die Induktionsphase eine Vertiefung vorzunehmen, da die Einleitung meist nur zu einem leicht veränderten Bewusstseinszustand geführt hat. Verschiedene Methoden stehen dabei zur Verfügung.

Vertiefung durch Suggestion

Es ist möglich, das Unbewusste durch gezielte Suggestionen dazu zu veranlassen, ein Niveau der Versenkung zu verwirklichen, das für die Realisierung des angestrebten Ziels angemessen ist:

„Dein Unbewusstes führt dich jetzt so tief in Trance, wie es für das Ziel, das du erreichen möchtest, gut, richtig und angemessen ist."

Vertiefung durch Schweigen

Die einfachste Methode besteht darin, einfach nichts mehr zu sagen und damit suggestiv eine Vertiefung von Entspannung zu verbinden:

„Gleich werde ich einige Minuten schweigen, und während dieser Zeit wirst du noch tiefer in diesen angenehmen Zustand gehen."

Vertiefung durch den Atem

Die Konzentration des Probanden auf den eigenen Atem ist ein hervorragendes Mittel, um noch tiefer in die Trance zu gehen:

„Achte auf den Strom deines Atems. Immer wenn du einatmest, atmest du Entspannung ein, und immer wenn du ausatmest, atmest du Spannung aus."

Oder:

„Mit jedem Atemzug gehst du tiefer und tiefer in den Zustand der Trance."

Vertiefung durch Zählen

„Ich zähle jetzt bis zehn. Mit jeder Zahl, die ich nenne, entspannst du dich immer stärker, und es vertieft sich deine innere Ruhe.

1... Spannungen fallen von dir ab,
2... dein Körper fühlt sich immer freier und leichter,
3... die Entspannung wird immer tiefer,

4... restliche Spannungen ziehen sich immer mehr zurück,
5... die Entspannung wird in den Gliedmaßen immer intensiver,
6... alle Muskeln des Oberkörpers lassen restliche Spannung los,
7... die Muskeln deines Unterleibs sind erfüllt von einer tiefen Entspannung,
8... die Ruhe in deinem Körper wird intensiver,
9... die Gedanken ziehen sich immer mehr zurück,
10... eine vollkommene Ruhe erfüllt dein Bewusstsein und dein Unbewusstes."

Vertiefung durch Gang über eine Treppe

Der Proband visualisiert eine Treppe mit zehn Stufen, die in einen schönen Garten führt. Mit jedem Schritt, den er hinabsteigt, vertieft sich die Entspannung. Wenn er will, kann er auch die Treppe hinaufsteigen, dabei ist es empfehlenswert, jeden Schritt zu zählen und dabei die Vertiefung der Entspannung und der Ruhe zu suggerieren.

Vertiefung durch Visualisierung eines Gangs durch eine Landschaft

„Vor deinem geistigen Auge formt sich das Bild einer Landschaft.
Du kannst einen Weg erkennen, der in sie hineinführt.
Du bist in der Lage ihn zu betreten und in deine innere Welt hineinzugehen.
Mit jedem Schritt vertiefen sich Entspannung und Ruhe.
Alle Sorgen und Ängste fallen von dir ab wie welke Blätter von einem Baum im Herbst."

Je nach Bedarf ist es möglich, zunehmende Klarheit des Bewusstseins zu suggerieren:

„Dein Bewusstsein wird immer klarer und ist bereit, neue Erfahrungen zu machen und alle Hemmnisse hinter sich zu lassen."

Die Ausleitung der Trance

Ist die Vertiefung beendet und wurde ggf. eine spezifische Intervention durchgeführt, führt man den Klienten in den Zustand des Wachbewusstseins zurück. Mit Hilfe entsprechender Suggestionen nimmt die Hypnotiseurin/der Hypnotiseur alle Trancephänomene zurück mit Ausnahme derjenigen Vorgaben, die eine therapeutische Wirksamkeit entfalten sollen. Folgende Formulierungen sind dabei möglich:

„Du wirst jetzt in den Wachzustand zurückkehren,
alle Bilder lösen sich auf,
deine Körperempfindungen normalisieren sich,
sollte Müdigkeit vorhanden sein, tritt sie in den Hintergrund
und du wirst wieder ganz wach.
Frische, Kraft und Vitalität erfüllen deine Seele
und du bist wieder voll und ganz in der Gegenwart."

Danach sollte sich der Proband eine Zeitlang ausruhen und dann erfolgt ein Nachgespräch, in dem ggf. entsprechende Hausaufgaben vereinbart werden. Vor der Zurücknahme der Trance gibt die Hypnotiseurin/der Hypnotiseur spezifische posthypnotische Suggestionen, die sich in der nächsten Sitzung bzw. im Alltag auswirken sollen. So kann er bspw. suggerieren: „Wenn ich Sie das nächste Mal hypnotisieren werde, gehen Sie noch tiefer in den angenehmen Zustand hinein." Es besteht auch die Möglichkeit, die zukünftigen Tranceinduktionen stark zu vereinfachen, indem der Operateur sie an bestimmte Auslöser bindet. „Wenn ich in der nächsten Sitzung meine rechte Hand auf Ihre linke Schulter lege, werden Sie tief in den Zustand der Entspannung und Ruhe hineingehen."

Darüber hinaus dienen posthypnotische Suggestionen auch dem Zweck, die in der Trance entwickelten positiven Erfahrungen in den

Alltag hineinzutragen. Eine solche Formulierung könnte etwa lauten: „Von Minute zu Minute, von Stunde zu Stunde und von Tag zu Tag vertiefen sich die innere Ruhe, die heitere Gelassenheit. Sie begegnen all Ihren Lebenserfahrungen mit vollkommenem Gleichmut und innerer Festigkeit, bewältigen sie mit Besonnenheit und Tatkraft."

Aktivierung des Unbewussten

Mit der Induktion der Trance sind die Voraussetzungen geschaffen, das Unbewusste zu aktivieren und seine Ressourcen für therapeutische Zwecke und andere Ziele zu nutzen. Indem die kritischen Funktionen des Bewusstseins in den Hintergrund treten und an Einfluss verlieren, lassen sich die unbewussten Anteile der Persönlichkeit auf eine Weise beeinflussen, die es ermöglichen, neue Wege bei der Lösung persönlicher Probleme einzuschlagen und alte, festgefahrene Muster des Denkens, Handelns und Verhaltens zu modifizieren oder gar gänzlich aufzulösen. Diese Einflussnahme kann auf unterschiedliche Weise erfolgen. Es besteht die Möglichkeit, mit Hilfe gezielter Suggestionen belastende Symptome zum Verschwinden zu bringen und neue konstruktive Formen des Denkens, Fühlens und Verhaltens aufzubauen. Ein anderes Mittel der Veränderungsarbeit besteht im Bewusstmachen und der Bearbeitung vergangener, traumatischer Erfahrungen. Pathogene Erlebnisse, die in der Lebensgeschichte zur Entwicklung belastender Symptome führten, werden bewusstgemacht, noch einmal durchlebt und mit spezifischen Methoden bearbeitet, so dass sie nicht mehr zur Symptombildung führen. Es gibt noch andere Wege der Veränderungsarbeit, die sich für das Individuum positiv auswirken. Diese Vorgehensweise werden wir noch eingehend behandeln. Ihr liegt die Annahme zu Grunde, dass dem Unbewussten eine Autonomie zukommt, die zu Prozessen führt, die zu einem positiven inneren Gleichgewicht und der Entfaltung der vorgegebenen Anlagen führen. Diese Art des Vorgehens vermittelt dem Unbewussten lediglich Impulse, die es dazu veranlassen, Prozesse zu aktivieren, welche Störfaktoren beheben, die zu belastenden Gedanken, Emotionen und dysfunktionalen Handlungen führen.

Die Autonomie des Unbewussten

Wenn wir die Inhalte des Bewusstseins in der Trance betrachten, fällt auf, dass sie ein hohes Maß an Selbstständigkeit besitzen. Die Denkvorgänge sind weniger sprachgebunden als im Normalzustand des wachen Bewusstseins. Meist sind sie bildhaft und besitzen sehr häufig einen symbolischen Charakter. Die Bilder entfalten sich in Sequenzen, unabhängig vom bewussten Denken und oft gegen dessen Intentionen. Häufig widersprechen sie auch den Erwartungen, mit der die Person in die Trance hineingegangen ist. So nimmt sich bspw. ein Klient vor, eine Berglandschaft zu visualisieren, und findet sich stattdessen an der Küste eines Meeres wieder. Oder es kann auch geschehen, dass die Person mit einer Symbolfigur konfrontiert wird, die sie abstoßend findet. Trotz wiederholter bewusster Anstrengungen ist sie nicht in der Lage, sie zu verändern oder aus dem Bewusstsein zu entfernen.

Eine Frau, die aufgefordert wurde die innere Weisheit zu visualisieren, sah einen Hirsch. Sie lehnte ein Tier als Verkörperung der inneren Weisheit ab und wollte erst recht nicht von einem Hirsch als Symbolfigur geführt werden. Alle Versuche in späteren Hypnosen, diese Symbolgestalt durch eine andere zu ersetzen, scheiterten. Der Hirsch behauptete seine Position als Verkörperung der Weisheit des Organismus. In einem anderen Fall symbolisierte eine Elfe die Aspekte der Person. Die Frau, die in ihrer bewussten Haltung sehr rational war, nahm Anstoß an einer irrationalen Märchenfigur für die höheren Fähigkeiten ihrer Person. Schließlich akzeptierte sie die Elfe als Symbol der Weisheit, als diese sich weigerte, in mehreren Hypnosen das Feld zu räumen. Sie erkannte, dass in dieser Gestalt eine wichtige Botschaft enthalten war. Ihr Unbewusstes teilte ihr damit mit, dass sie nicht nur aus Verstand und kognitiven Fähigkeiten besteht, sondern dass sie auch Aspekte besitzt, die sich nicht mit der Rationalität decken. Solche Fälle machen deutlich, dass das Unbewusste ein Interesse daran hat, an bestimmten Bildern und Symbolen festzuhalten, wenn es darum geht, dem Bewusstsein eine Botschaft zu vermitteln, welche im Kontext der gegenwärtigen Situation von Bedeutung ist. Es beharrt darauf, diese Bilder und Symbole beizubehalten, auch wenn das Bewusstsein anderer Meinung ist und nichts mit ihnen anfangen kann. Gerade in einer solchen Tendenz bringen die unbewussten Prozesse wichtige Veränderungen hervor, welche starre bewusste Muster in Fluss bringen und Veränderungen ermöglichen, die für das Individuum von positiver Bedeutung sind. Dies können wir auch beobachten, wenn wir die Veränderung der inneren Bilder ins Auge fassen. Diese Gestalten des Unbewussten sind keine statischen Gegebenheiten, sondern repräsentieren Prozesse, die oft den Charakter fortlaufender Geschichten annehmen.

Bewusste Versuche, diese Veränderungen bewusst zu steuern, führen häufig zum Scheitern. Es ist durchaus möglich, dass das Bewusstsein in der Trance einzelne Aspekte des bildhaften Erlebens verändern und steuern kann. Andere Veränderungen widersetzen sich hartnäckig den Versuchen, sie in Richtungen zu drängen und auf eine Weise zu verändern, die dem Bewusstsein richtig erscheint. Diese Erfahrungen machen deutlich, dass sich in diesen Wandlungsprozessen der Bilder Veränderungen manifestieren, die jenseits der Dynamik des bewussten Denkens angesiedelt sind. In solchen Fällen bringt das Unbewusste seine besonderen Intentionen und Ziele zum Ausdruck. Erscheinen ihm diese Inhalte als bedeutsam, so leistet es Widerstand bei Versuchen des Bewusstseins, auf sie Einfluss zu nehmen. Und trotz aller bewussten Anstrengungen, diese Inhalte zu ändern, bleiben sie unverändert bestehen. Gelingt es dem Bewusstsein durch seine Aktivitäten, einzelne Gestalten, die aus dem Unbewussten aufsteigen, zu verändern, so hat dies eine Wandlung der Inhalte zur Folge, auf die diese Bilder und Symbole verweisen.

Zwischen Bewusstsein und Unbewusstem besteht eine Interaktion, bei der unbewusste Inhalte und Prozesse die bewussten Vorgänge des Denkens, Fühlens und Verhaltens beeinflussen und gleichzeitig die bewussten Prozesse durch Einwirkung auf die symbolhaften Bilder die unbewussten Vorgänge verändern. Dies geschieht ständig im Zustand des wachen Bewusstseins, aber auch in der Trance besteht diese Form der Wechselwirkung, wenn die bewussten Aktivitäten nicht völlig lahmgelegt werden. Eine mittlere bis leichte Trancetiefe begünstigt bewusste Einwirkungen auf die unbewussten Regionen. Eine Betrachtung der unbewussten Prozesse, wie sie sich im Zustand der Trance manifestieren, legt die Annahme nahe, dass das Unbewusste zu kognitiven Leistungen und zielstrebigem Handeln fähig ist. Es ist nicht einfach das Reservoir blinder Triebe, sexueller und aggressiver Art, das nur dem Lustprinzip unterliegt, wie es Freud annahm, sondern es ist in der Lage zu denken, Handlungspläne zu entwickeln und Ressourcen zu mobilisieren, um bestimmte Ziele zu erreichen.

Die Vorgänge im Unbewussten unterscheiden sich nicht grundlegend von den bewussten Aktivitäten. Auf der unbewussten Ebene sind die kognitiven Prozesse flüssiger und weniger starr als im Zustand des wachen Bewusstseins. Es dominieren bildhafte Vorstellungen, die nicht rigiden logischen Prinzipien unterworfen sind. Symbolisches Denken spielt eine zentrale Rolle. In bildhaften Symbolen liegen vielfältige Bedeutungen, die oft zueinander im Gegensatz stehen. Solche Symbole repräsentieren auch die Vereinigung von Gegensätzen.

Diese Symbolik, die oft große Ähnlichkeit mit den Bildern in Märchen, Mythen und religiösen Traditionen besitzt, tritt häufig in Träumen und in der Tranceerfahrung auf. Ein Bild kann gleichzeitig für Leben und Tod stehen bzw. für positive und negative Aspekte eines Sachverhalts. Sich einander ausschließende Gegensätze, die nicht in ein logisch rationales Konzept passen, gehen in der Symbolik eine enge Verbindung ein. Die unbewussten mentalen Prozesse sind auch deshalb bedeutungsvoll, weil sie sich auf die im Unbewussten gespeicherten Informationen stützen können, die weitaus umfangreicher sind als diejenigen, auf die das bewusste Denken zurückgreift. Unsere bewussten Denkprozesse arbeiten normalerweise mit einem geringen Bestand an Informationen, während im Unbewussten das Informationsmaterial der ganzen Lebensgeschichte gespeichert ist und bei Bedarf abgerufen und verwendet werden kann. Sollte C. G. Jung mit seiner Theorie des kollektiven Unbewussten Recht haben, können diese unbewussten Denkprozesse auf die gespeicherten Erfahrungen der Evolutionsgeschichte der Menschheit zurückgreifen. In Träumen und in der Trance tauchen Bilder von überpersönlichem Charakter auf, die auf die Existenz einer kollektiven Dimension der menschlichen Seele hinweisen.

Die Bedeutung der Hypnose liegt vor allem darin, dass sie den Zugang eröffnet zu den Ressourcen des Unbewussten und Wege bahnt, sie für viele Zwecke zu nutzen. Wir sind nicht in der Lage, den Umfang des Anteils der unbewussten Persönlichkeit adäquat einzuschätzen. Ebenso wenig sind wir fähig, vom Standpunkt des wachen Bewusstseins die Menge der Informationen und Ressourcen, die mannigfaltigen Möglichkeiten ihrer Verwendung zu bestimmen. Wenn wir in Trance gehen, stehen uns weit mehr Potentiale für die Veränderungsarbeit zur Verfügung, als es möglich ist, wenn wir lediglich auf der Ebene des Alltagsbewusstseins arbeiten. Da wir es in der Trance mit flexiblen Denkprozessen zu tun haben, lassen sich mehr Möglichkeiten der Veränderung anvisieren, als wenn wir uns lediglich im Rahmen der üblichen eingefahrenen bewussten mentalen Strukturen bewegen. Die Untersuchung der Struktur des Unbewussten wird dadurch erschwert, dass wir nicht in der Lage sind, es unabhängig von unseren bewussten Leistungen zu untersuchen. Nur was sich von ihm in den Erfahrungen des Bewusstseins zeigt, können wir erfassen. Damit registrieren wir lediglich einzelne Aspekte, die sich in spezifischen Bewusstseinsakten manifestieren. Viele Bereiche und deren Zusammenhänge entgehen der Beobachtung bzw. lassen sich nur auf eine spekulative Weise rekonstruieren. Die Redeweise von „dem Unbewussten" ist auch deshalb problematisch, weil sie einer unangemessenen Verdinglichung Vorschub leistet. Es handelt sich dabei um keine statische Größe, sondern um eine Mannigfaltigkeit miteinander verbundener dynamischer Prozesse.

Es stellt sich auch die Frage, ob das Unbewusste wirklich vollständig unbewusst ist. Diese Bezeichnung drückt lediglich die Erfahrung aus, dass wir über seine Inhalte und Prozesse nicht reflektieren können, ohne auf unsere bewusste Erfahrung Bezug zu nehmen. Es ist uns lediglich auf eine indirekte Weise gegeben. Wir wissen nicht, was es an sich ist, unabhängig von der Repräsentanz seiner Inhalte im Bewusstsein. Möglicherweise besitzt es eine eigene Art von Bewusstsein, die von unserem normalen Alltagsbewusstsein getrennt funktioniert. Die Vorstellung vom Unbewussten als einem Aspekt der Psyche suggeriert den Gedanken, dass es sich dabei um ein einheitliches Gebilde handelt. Die klinische Erfahrung und die darauf aufgebauten Theorien und Techniken, wie z. B. die Ich-Zustand-Therapie von Watkins und die Voice-Dialog-Methode von Stone, legen eine Auffassung nahe, die der Mannigfaltigkeit psychischer Systeme mehr Raum gibt. Die Psyche und vor allem das Unbewusste stellen ein System dar, das aus Untersystemen besteht, die teils miteinander interagieren. Diese Subsysteme bilden Teilpersönlichkeiten, die miteinander und mit der Umwelt interagieren. Die Teilpersönlichkeiten agieren teilweise auf der bewussten, in hohem Maße aber auch auf der unbewussten Ebene und verarbeiten Informationen auf unterschiedliche Weise.

Sie sind Träger sehr verschiedener Informationen und Ressourcen. Treten wir in Kontakt mit dem Unbewussten, nehmen wir Verbindung mit spezifischen Subsystemen auf, durch die wir Hilfe für die Veränderungsarbeit erhalten. Sie interagieren untereinander und besetzen teilweise die Sphäre des Bewusstseins und stehen in Kontakt mit der Außenwelt. Klinische Erfahrungen legen die Vermutung nahe, dass das Unbewusste bzw. zentrale Antriebe in ihm eine Eigendynamik besitzen, die Selbstheilungskräfte mobilisieren, welche psychische und körperliche Störungen zu heilen vermögen. C. G. Jung geht davon aus, dass das Unbewusste eine innere Tendenz besitzt, Konflikte auszugleichen, Gegensätze zu integrieren. Es strebt nach innerem Ausgleich und Ganzheit. Dabei ist das Ich nur eine Komponente in einem übergeordneten Zusammenhang, der vom Selbst hergestellt wird. Das Selbst repräsentiert den Grund für die Subjektivität, die diese jedoch übersteigt. Es enthält überpersönliche Faktoren, welche die seelischen Prozesse steuern, die zur Entfaltung einer ganzheitlichen integrierten Persönlichkeit führen. Jung bezeichnet diesen Prozess als Individuation.

Er stellt das Ziel der Persönlichkeitsentwicklung dar. Überpersönliche Faktoren, die nicht Aspekte des individuellen Ichs darstellen, fungieren als Grundlage der persönlichen Entwicklung und sind in ihrer inneren Dynamik auf dieses Ziel hin ausgerichtet. Es handelt sich dabei um die Archetypen, Strukturelemente des kollektiven Unbewussten, eine Schicht der Psyche, welche allen Menschen gemein ist. Die Grundlagen des individuellen Ichs und des mit ihm verbundenen persönlichen Unbewussten. Es enthält diejenigen seelischen Inhalte und Prozesse, die zur individuellen Person gehören wie z. B. Regungen, Triebimpulse und abgelehnte Persönlichkeitsmerkmale.

Die Archetypen stellen angeborene Muster dar, welche zur Herausbildung spezifischer Gedankenformen, Vorstellungsbilder und Phantasien führen, die überall in der Welt verbreitet sind und zum festen Bestandteil der Religionen, Mythen und Märchen gehören, wie der alte Weise, die gute Fee, die Hexe, Tod und Wiedergeburt, der Abstieg in die Unterwelt, Kampf mit dem Ungeheuer, die Gewinnung der schwer zu erringenden Kostbarkeit etc. Diese Vorstellungsmuster treten auch in Träumen, Visionen und in der Trance auf und spielen eine wichtige Rolle bei Prozessen der Veränderung, im Rahmen einer Therapie oder eines spontanen Wandlungsprozesses. Sie aktivieren bestimmte Prozesse, geben ihnen eine spezifische Richtung, sorgen für die Bewältigung von Konflikten und für die Aktivierung der dafür erforderlichen Ressourcen. Sie entfalten ihre Wirkung unabhängig von den Aktivitäten des individuellen Ichs, auch wenn sie von ihnen auf mannigfaltige Art beeinflusst werden. Unter Umständen entwickeln sich Veränderungsprozesse und therapeutische Wirkungen auf der Basis autonomer Prozesse, die ablaufen ohne ständige Intervention von Seiten eines Therapeuten. Manchmal bedarf es lediglich eines geringfügigen Anstoßes von außen, den Vorgang der Veränderung in Gang zu setzen. Dieser läuft auf die Heilung psychischer und psychosomatischer Störungen hinaus bzw. auf die Reifung der Persönlichkeit, wobei die Richtung, die sie nehmen, von autonomen Prozessen des Unbewussten gesteuert werden. Dies weist auch auf das Vorhandensein von Tendenzen zur Selbstheilung und Kräften, die sie bewirken, hin. Es bedarf lediglich eines Anstoßes zu ihrer Entfaltung, für ihre weitere Wirksamkeit sind keine weiteren Eingriffe oder nur geringfügige Interventionen nötig. Auch Milton Erickson gelangte zu den gleichen Schlussfolgerungen. Für ihn verfügte das Unbewusste über ein

Potential, Veränderungen in Gang zu setzen, die den Möglichkeiten, über die das Bewusste verfügt, weit überlegen sind. In ihm sind Kräfte zur Selbstheilung und zur Entwicklung der Person angelegt, die sich autonom entwickeln und die sich unabhängig von den Bewusstseinsvorgängen vollziehen, die wir im Alltag als normal erleben.

Tiefgreifende Wirkungen ergeben sich oft bei geringfügigen therapeutischen Interventionen, wenn sie das unbewusste Potential auf geeignete Weise stimulieren. Ähnlich wie Jung betont Erickson die Autonomie und den großen Einfluss der unbewussten Psyche, obgleich er von einer anderen theoretischen Orientierung ausgeht.

Die Welt der Bilder

Es stellt sich nun die Frage, was man unter inneren Bildern versteht. Horowitz definiert sie als mentale Inhalte, die sensorische Eigenschaften besitzen. Es handelt sich um seelische Faktoren, denen Eigenschaften von Wahrnehmen zukommen, ohne dass sie unmittelbar Wahrnehmungscharakter besitzen. Sie dürfen auch nicht geistigen Vorgängen gleichgesetzt werden, die auf dem Gebrauch der Sprache beruhen oder etwas mit abstrakten Begriffen zu tun haben. Diese allgemeine Definition ermöglicht es, viele verschiedene Typen von Bildern zu erfassen wie z. B. konkrete Bilder, wie Erinnerungen an Objekte und Gegebenheiten, Metaphern, Phantasien und Symbole. Es besteht ein enger Zusammenhang zwischen mentalen Bildern und Gedächtnis. Sie werden aus Informationen gebildet, die im Gedächtnis gespeichert sind und die auf Informationen beruhen bzw. welche aus neuartigen Kombinationen solcher Informationsbestände bestehen. Auch Vorstellungen, die sich auf die Gegenwart und die Zukunft beziehen, basieren auf Erinnerungen. Mentale Bilder wirken sich gleichzeitig auf der kognitiven, affektiven, körperlichen und neurophysiologischen Ebene aus. Sie beeinflussen den Ablauf der Kognitionen, aktivieren Emotionen und steuern auf mannigfaltige Weise körperliche Vorgänge.

Das Unbewusste ist erfüllt von einem ständigen Strom von Bildern, die durch Sinneswahrnehmungen und Erinnerungen bedingt sind. Das Bewusstsein greift vor allem auf solche zurück, die mit Emotionen eine Verbindung eingehen, und verarbeitet und reflektiert diese auch.

Wahrnehmungen, vor allem dann, wenn sie lückenhaft sind, werden mit Hilfe mentaler Bilder ergänzt und vervollständigt. Dies führt häufig zu signifikanten Verzerrungen der Erfahrung. Angstbesetzte Bilder auf Erfahrungsdaten projiziert, lassen selbst harmlose Gegebenheiten als gefährlich erscheinen und rufen Angst hervor. Die Bewertung von Informationen stellt einen wichtigen Aspekt ihrer Verarbeitung durch die menschliche Vorstellungstätigkeit dar. Der Begriff der Imagination bezieht sich nicht nur auf bildhafte Vorstellungen, sondern auch auf akustische, kinästhetische Impressionen. Wir haben es hier mit einem Strom miteinander verknüpfter Vorstellungen zu tun, die gekoppelt sind mit sensomotorischen Aktivitäten und der Wahrnehmung der Außenwelt mit Körperempfindungen und anderen Bildern. Imaginationen beziehen sich nicht nur auf Fakten der äußeren Welt, sondern geben auch unsere augenblickliche Befindlichkeit und auch persönliche Besonderheiten wieder.

Innere Bilder verweisen auf Verletzungen und Traumatisierungen, erinnern an nicht gelebte Möglichkeiten und nicht entwickelte Aspekte der Persönlichkeit. In ihnen manifestieren sich Widerstände und Abwehrmechanismen, welche störend in das Seelenleben eingreifen und die freie Entwicklung der Person beeinträchtigen. Imaginationen vergegenwärtigen die Hindernisse, die sich bestimmten Handlungsweisen und Entwicklungstendenzen entgegenstellen, und machen deutlich, welche Kräfte für spezifische Entwicklungsmöglichkeiten hinderlich sich. Sie antizipieren Möglichkeiten der Gestaltung des eigenen Lebens in der Zukunft und entwerfen Modelle alternativer Formen des Lebens und des Handelns.

Im Rahmen der Imagination bewegen wir uns in einem Bereich, in dem Grenzen überschritten und im Erleben neue Formen des Lebens, des Denkens, Fühlens und Verhaltens zugänglich werden. Dies gilt sowohl für das Individuum als auch für das Kollektiv. Wie viele Entdeckungen und Erfindungen sowie neue Formen sozialer Beziehungen bildeten zuerst den Gegenstand von Phantasien, bevor der menschliche Geist in der Lage war, sie zu verwirklichen. Die in der Imagination gegebene Antizipation neuer Möglichkeiten stellt einen wichtigen Aspekt der Veränderung im Leben des Individuums und der Gesellschaft dar. Dabei spielen archetypische Motive eine wichtige Rolle. Diese überpersönlichen Bilder enthalten Informationen über Formen des Denkens, Fühlens und Verhaltens, die bei der Lösung individueller Probleme sowie auf der kollektiven Ebene hilfreich sein können. In der Gestalt des Weisen liegt das archetypische Muster eines Menschen vor, der Probleme durch Denken und Reflexion bewältigt, während im

Magier die Beherrschung der Natur durch Technologie ihren Ausdruck gefunden hat.

Wesen und Funktionen von inneren Bildern

Das menschliche Denken ruht auf zwei Grundlagen. Einerseits ist es an die Sprache gebunden, andererseits manifestiert es sich in Form innerer Bilder. Das sprachgebundene Denken bildet die Voraussetzungen für kognitive Leistungen, die gekennzeichnet sind durch Strukturen, die den Gesetzen der Logik unterliegen. Die Sprache ermöglicht die Entwicklung linearerer Denkschritte, organisiert nach dem Prinzip von Grund und Folge, welche dem Prinzip der Widerspruchsfreiheit folgen. Deduktives, schlussfolgerndes Denken hat die Sprache mit ihren Begriffen und grammatikalischen Regeln zur Voraussetzung. Zwar ist es noch möglich in bestimmten Sprachformen, wie wir sie aus der Poesie kennen, Zusammenhänge zum Ausdruck zu bringen, welche die Grenzen der logischen Ordnung überschreiten. Nichtsdestoweniger ist die Sprache die grundlegende Voraussetzung für alle Denkweisen, in denen Argumente formuliert und logische Ableitungen vorgenommen werden. Das an Bilder gebundene Denken weist andere Merkmale auf. Denkprozesse, die auf der Sprache beruhen, und solche, die innere Bilder zur Voraussetzung haben, sind unabhängig voneinander und agieren aber miteinander im konkreten Gebrauch auf mannigfaltige Weise.

Im Vergleich zu kognitiven Prozessen, welche die Sprache zur Grundlage haben, ist das bildhafte Denken die ursprüngliche Form der Informationsverarbeitung, die vor Entstehung der Sprache existierte. Die relative Unabhängigkeit beider Symbolisierungsweisen schließt ihre wechselseitige Bezogenheit nicht aus. So wird das Denken in Form des inneren Sprechens begleitet von bildhaften Vorstellungen. Umgekehrt begleiten sprachliche Komponenten den Strom innerer Bilder, wobei sich die Bedeutungen beider Aspekte der mentalen Prozesse nicht in jeder Hinsicht decken. Manchmal kommentiert das innere Sprechen die inneren Bilder, die in der Vorstellung auftauchen, und verdeutlicht ihren Bedeutungsgehalt. Andererseits reichern imaginative, mentale Inhalte inneres Sprechen mit zusätzlichen Bedeutungen an, die das, was durch dieses zum Ausdruck gebracht wird, dem Erleben näherbringen und neue Dimensionen des Sinnes integrieren. Betrachten wir die bildhaften mentalen Inhalte näher, so lassen sich Phantasien von Imaginationsströmen unterscheiden. Phantasien stellen relativ blasse Vorstellungen dar. Bei Imaginationen handelt es sich um mentale Inhalte von einer Klarheit und Deutlichkeit, wie sie Wahrnehmungen besitzen. Von Wahrnehmungen unterscheiden sie sich, indem ihnen die physikalische Beweisgrundlage fehlt. Sie repräsentieren Inhalte des Bewusstseins, denen keinerlei reale Objekte zu Grunde liegen. Imaginiert werden können alle Eindrücke, die von den Sinneskanälen bedingt sind. Außer den visuellen Impressionen lassen sich akustische, kinästhetische, gustatorische und olphaktorische Reize imaginieren. Die verschiedenen imaginierten Gegebenheiten sind unabhängig voneinander. Manche imaginierten Bilder vor allem optischer Art lassen sich vergegenwärtigen ohne Rückgriff auf Eindrücke aus anderen Sinneskanälen.

Stellt man sich ein Auto bildlich vor, so ist damit nicht zwangsläufig das Geräusch des laufenden Motors verbunden. Impressionen aus anderen Sinneskanälen rufen dagegen dazugehörige Eindrücke hervor, die durch andere Sinnesmodalitäten gekennzeichnet sind. Versucht man sich das Geräusch eines Automotors vorzustellen, ist die bildhafte Vorstellung eines Autos kaum zu vermeiden.

Schwierig ist es, Geruchs- und Geschmackseindrücke zu imaginieren, ohne gleichzeitig die optischen Eindrücke derjenigen Objekte zu induzieren, die sie hervorbringen. Auch wenn die mentalen Inhalte, welche das Subjekt imaginiert, ganz ohne in ihren Eigenschaften auf die Wahrnehmung realer Objekte zurückgehen, stellen die inneren Bilder nicht einfach Kopien wahrgenommener Objekte dar. Stets weisen sie charakteristische Merkmale auf, die auf psychische Aktivitäten des imaginierenden Individuums zurückzuführen sind.

Die subjektiven Leistungen, die mit der Konstruktion der imaginierten Gegebenheiten verbunden sind, gehen immer in die Erscheinungen ein, die das Bewusstsein visualisiert. Sowohl die ursprüngliche Wahrnehmungsgrundlage in Form von Sinneseindrücken, die in der

Vergangenheit perzipiert wurden, als auch die Veränderungen durch die psychischen Aktivitäten des Imaginationsprozesses gehen in die imaginierten Inhalte ein. Imaginationen treten in Träumen in Halluzinationen und in Trancezuständen auf. Am vertrautesten sind uns die inneren Bilder der Träume, die jede Nacht aus dem Unbewussten aufsteigen.

Für die Zwecke der Hypnosetherapie eignen sich besonders gut die Eindrücke, die im veränderten Bewusstseinszustand aufsteigen – spontan oder durch spezifische Suggestionen aktiviert. Sie gewähren uns einen Einblick in die Dynamik des Unbewussten und enthalten ein Potential, das Veränderungen auf allen Ebenen der Persönlichkeit, der körperlichen, der seelischen und geistigen ermöglicht. Ihre Wirksamkeit hängt ab von den Informationen, deren Träger sie sind. Sie wirken gleichzeitig kognitiv, affektiv, körperlich und neurophysiologisch. Neben ihrem Einfluss auf die psychischen Vorgänge kognitiver und affektiver Art greifen sie auch in den Ablauf der körperlichen Prozesse unterstützend oder hemmend ein.

Die Beobachtung, dass innere Bilder spontan im Bewusstsein auftauchen, ohne durch Bewusstseinsakte gesetzt worden zu sein, und die Sequenzen bilden, die automatisch ablaufen ohne Steuerung durch den bewussten Willen, weisen auf eine Instanz in der Psyche hin, die unabhängig von den bewussten Funktionen arbeitet. Unabhängig von den Setzungen des Bewusstseins und manchmal auch gegen seine Intentionen manifestieren sich in ihm Inhalte, die den verschiedenen Sinnesmodalitäten angehören können.

Der Hirnforscher Arturo Damasio nimmt an, dass das Gehirn unaufhörlich Bilder hervorbringt, ausgelöst durch Sinneswahrnehmungen, welche Erinnerungen hervorrufen. Er nimmt sogar an, dass das Unbewusste aus solchen Bildern besteht. Das Gehirn organisiert diese Bilder zu geordneten Sequenzen. Emotionen heben Bilder von besonderer Bedeutung hervor und machen sie der Bearbeitung durch das Bewusstsein zugänglich. Es wählt aus diesem Strom, den sie bilden, einen Teil aus, bearbeitet sie und unterzieht sie der Reflexion. Das Material der unbewussten Bilder wird durch die bewusste Bearbeitung zu Bewusstseinsinhalten umgeformt.

Den bildhaften Charakter unbewusster Prozesse hebt auch C. G. Jung hervor, wenn er sagt „Seele ist Bild". Die zentrale Bedeutung der Imagination betont auch Francesco J. Varela, indem er sie als das eigentliche Leben bezeichnet. Seine enaktive Theorie nimmt an, dass der Mensch aus der eigenen spontanen Selbsttätigkeit in der Lage ist, bildhafte Vorstellungen zu produzieren, die mit sensomotorischen Aktivitäten, Wahrnehmungen der Außenwelt und Körperempfindungen eine Verbindung eingehen. Dabei fungiert die Imagination als der primäre Faktor, wobei die Wahrnehmungsinhalte lediglich als deren Korrektiv fungieren. Wie wir Informationen verarbeiten, die wir durch unsere Erfahrung aufnehmen und bewerten, hängt davon ab, welche Imaginationen wir einsetzen, um Wahrnehmungsinhalte zu strukturieren. Je unvollständiger Wahrnehmungsbilder sind, desto ausgeprägter ist die Rolle, welche die Imaginationen spielen. Vorstellungsbilder reichern wahrgenommene Eindrücke an, wobei die Rolle der Imaginationen umso prägnanter ist, je unklarer und diffuser die Wahrnehmungsinhalte sind. Im Extremfall üben die Wahrnehmungen auf das Denken, Fühlen und Verhalten kaum einen Einfluss aus, sondern die inneren Bilder bestimmen fast ausschließlich ihre Dynamik. So wird bspw. in den Angststörungen die Angst hauptsächlich durch die inneren Bilder aktiviert, die mit den Sinneseindrücken in Beziehung stehen. Es kann sich dabei um Eindrücke aus der Außenwelt handeln, möglicherweise besteht die Reizgrundlage für die Angstreaktion in einer Körperempfindung.

Bestimmte Empfindungen in der Herzgegend aktivieren Bilder von Erkrankungen des Herzens, die wiederum Angst mobilisieren. Diese Beispiele verdeutlichen den grundlegenden Prozess, der sich bei der Verknüpfung von inneren Bildern mit dem sensorischen Input abspielt. Innere Bilder, die spezifische Emotionen auslösen, werden mit besonderen Sinneseindrücken kombiniert. Die mit ihnen verknüpften Objekte lösen die emotionalen Reaktionen aus und damit die Verhaltensweisen, welche für sie charakteristisch sind.

In dem Fall handelt es sich dabei um Vermeidung bzw. Flucht, Erstarrung oder Aggression. Die inneren Bilder beeinflussen auch die Befindlichkeit der Person, die sie produziert. So kann in einer bestimmten, konkreten Situation durch eine spezifische Suggestion die emotionale Reaktion bestimmt werden. Es besteht auch die Möglichkeit, dass in einer Folge von Situationen, die eine gemeinsame Thematik besitzen, typische innere Bilder mobilisiert werden, die eine charakteristische Emotion und ein stereotypes Verhalten hervorrufen.

Die inneren Bilder haben unterschiedliche Quellen. Manche stellen Erinnerungen dar und beziehen sich auf konkrete Erfahrungen, die in der Vergangenheit gemacht wurden. Sie repräsentieren Abbilder von spezifischen Situationen, die nicht unbedingt in allen Einzelheiten die ursprünglichen Erfahrungen repräsentieren. Auch wenn es sich um Erinnerungen an das gelebte Leben handelt, repräsentieren die inneren Bilder das, was sich in der Vergangenheit ereignete, nicht vollkommen genau. Stets weist das Erinnerungsbild Merkmale auf, die nicht in den Wahrnehmungen in der Vergangenheit vorkamen. Erinnern bedeutet nicht einfach unreflektiertes Abbilden des einstmals Erlebten, sondern stellt immer einen Konstruktionsvorgang dar, bei dem die Erinnerung auf der Basis gespeicherter Informationen auf eine Weise rekonstruiert wird, die niemals exakt und in allen Details den ursprünglichen Erfahrungen entspricht. In den Abwandlungen, die sich in den Erinnerungsbildern bemerkbar machen, manifestieren sich Inhalte des Unbewussten.

Generell gilt, dass in den inneren Bildern das Unbewusste seine Inhalte im Bewusstsein zum Ausdruck bringt. Sie stellen eine Brücke zum Unbewussten dar. In den besonderen Merkmalen der Imagination spiegeln sich unbewusste Inhalte in Prozessen wider. Sie weisen oft symbolischen Charakter auf, der im Rahmen der seelischen Abläufe unterschiedliche Funktionen erfüllt.

Aspekte des Symbolbegriffs

Um den Einfluss innerer Bilder zu verstehen, ist es wichtig, sich mit dem Symbolbegriff vertraut zu machen. Ein Symbol ist etwas, das für etwas steht, auf etwas Anderes verweist und es repräsentiert. Es kann sich dabei um eine Gegebenheit handeln, die in der äußeren Welt existiert, z. B. eine Rose, welche die Liebe repräsentiert. Eine Vorstellung, ein inneres Bild, kann ebenfalls Symbolcharakter besitzen, wenn es auf etwas anderes verweist. C. G. Jung unterscheidet zwischen Zeichen und Symbolen. Ein Zeichen besitzt eine klare, eindeutige Funktion. Das Additionszeichen Plus bezeichnet eindeutig die Operation des Hinzufügens, der Addition. Ein Symbol ist dagegen vieldeutig. Es besitzt einen Bedeutungsüberschuss, der über das rational Erfassbare hinausgeht. Seine Vieldeutigkeit verleiht ihm eine Mehrdimensionalität, die sich einem Denken entzieht, das es auf einen klar umgrenzten, eindeutig definierbaren Inhalt festlegen möchte. Ein Symbol kann sich auf Aspekte der Außenwelt bzw. die Welt als Ganzes beziehen. So steht eine weibliche Gestalt vielleicht für die Mutter, oder ein Bild verweist auf eine Gruppe von Objekten wie z. B. alle Männer und ihre Eigenschaften. Andere Symbole verweisen auf eher abstrakte Gegebenheiten, die keinen dinghaften Charakter besitzen wie die Taube, die den Frieden, wie die Rose, die die Liebe repräsentiert. Manche Bilder beziehen sich auf innere Vorgänge wie z. B. Gefühle. So symbolisiert ein Raubtier möglicherweise die eigene Wut oder ein eingeschüchtertes kleines Kind die Angst. In manchen Fällen verweist ein inneres Bild auf Aspekte der eigenen Person oder wichtige Anteile von ihr bzw. auf das Selbstkonzept. Eine kleine graue Maus verkörpert möglicherweise Teile des eigenen Ichs, welches die Person als uninteressant oder unscheinbar wahrnimmt. Symbole ermöglichen oft einen Zugang zum Bild, das wir von uns selbst, das wir uns von unserem eigenen Ich machen. Eine Gestalt, die Selbstvertrauen und Stärke zum Ausdruck bringt, kann ein Selbstbild verkörpern, in dem diese Merkmale eine zentrale Rolle spielen. Symbole repräsentieren auch komplexe Zusammenhänge, welche sowohl objektive Faktoren in der Außenwelt als auch subjektive Gegebenheiten zum Ausdruck bringen. Das Bild eines Menschen, der in einer Höhle gefangen ist, mag als Symbol fungieren für seine Eingeengtheit im privaten und beruflichen Bereich sowie für seine mangelnden psychologischen Entfaltungsmöglichkeiten, so dass er keine Chance besitzt, sich weiterzuentwickeln.

Manche inneren Bilder beziehen sich auf physiologische Funktionen. Ein Beispiel für den Bezug auf Aspekte des eigenen Organismus sind die Visualisierungsübungen von Simonton, die er an Krebspatienten durchführte. Er ließ seine Patienten die Krebszellen als schwache Monster und die Zellen des Immunsystems als starke Kämpfer visualisieren. Die Kämpfer des Immunsystems griffen die Monsterzellen des Krebses an und zerstörten sie.

Was die Qualität der Symbole betrifft, so hebt C. G. Jung eine Kategorie von Bildern und Symbolen hervor, die sich von den Inhalten des Unbewussten, die zum persönlichen Bereich des Individuums gehörten, unterscheiden. Jung differenziert zwischen dem persönlichen und dem kollektiven Unbewussten. Ersteres gehört zur individuellen Person, es enthält alle psychischen Inhalte, die zu ihr und ihrer Biographie gehören. Alles, was aus irgendeinem Grund aus dem Bewusstsein ausgeschlossen wurde, finden wir in diesem Bereich des persönlichen Unbewussten wieder. Jenseits dieser Region erstreckt sich die Sphäre des kollektiven Unbewussten oder die objektive Psyche. Diese kollektive Dimension ist nicht individualisiert, sondern ist bei allen Menschen gleich. Inhalte dieser tiefsten Schicht stellen die Archetypen dar.

Jung beobachtete, dass in den Halluzinationen der Psychotiker, den Träumen seiner Patienten und ganz normaler Menschen und in den Phantasien Bilder und Symbole vorkommen, die uns in den Märchen, Mythen, Religionen und spirituellen Traditionen immer wieder begegnen. Gestalten wie die große Mutter, der alte Weise, die gute Fee, die Hexe, der Held, der Lebensbaum, Geschichten wie der Abstieg des Helden in die Unterwelt, der Kampf mit dem Ungeheuer, die Gewinnung einer schwer zu erringenden Kostbarkeit, Tod und Wiedergeburt sind Vorstellungen, die überall auf der Erde verbreitet sind. Sie kommen in der Vorstellungswelt von Völkern und Kulturen vor, die keinen Kontakt miteinander hatten. In den Träumen und Phantasien moderner Menschen tauchen manchmal sehr archaische Motive auf, von deren Existenz sie nichts wissen. Weder kommen sie in ihrer Erfahrungswelt vor noch spielen sie eine Rolle in den kulturellen Traditionen, in denen diese Menschen verwurzelt sind. Aus diesen Beobachtungen schloss Jung, dass es sich um Urbilder handelt, die von Faktoren bedingt sind, welche im kollektiven Unbewussten ihren Ursprung haben und welche zum gemeinsamen Besitz der gesamten Menschheit gehören. Jung bezeichnet sie als Archetypen, als Grundmuster, die jenen Vorstellungen zu Grunde liegen. Sie stehen in einer engen Beziehung zu den Instinkten. Instinkte stellen physiologische Impulse dar, die mit den Sinnen von außen wahrgenommen werden. Sie manifestieren sich auch auf der subjektiven Ebene in Form von inneren Bildern, die häufig symbolischen Charakter aufweisen. Instinkte treten im Erleben immer in Gestalt innerer Bilder in Erscheinung. Diese Erscheinungen stellen die Archetypen dar (C. G. Jung „Symbole und Traumdeutung S. 69 f.) und sie wirken steuernd auf die Instinkte ein. Darüber hinaus greifen sie regulierend, modifizierend und motivierend auf die Strukturen und Prozesse des Bewusstseins ein und aufgrund dieser Regulationsaktivität verhalten sie sich wie Instinkte (C. G. Jung „Theoretische Überlegungen zum Wesen des Psychischen" in: „Die Dynamik des kollektiven Unbewussten" Band 8 §404).

Die archetypischen Vorstellungen, wie sie sich im Bewusstsein manifestieren, sind nicht identisch mit den Archetypen, wie sie im kollektiven Unbewussten existieren. Der Archetypus an sich stellt eine unanschauliche Größe dar, die den im Bewusstsein vorhandenen Bildern zu Grunde liegt, aber nicht mit ihnen identisch ist. Er repräsentiert ein strukturelles Element, das spezifische psychische Inhalte, die im Bewusstsein als archetypische Bilder, Phantasien und Imaginationen vorliegen, hervorbringt. Archetypen sind strukturierende Faktoren, die der menschlichen Psyche innewohnen und deren Inhalte auf eine typische Weise anordnen. Sie stellen angeborene strukturierende Faktoren dar, welche das in der Erfahrung gegebene Material auf charakteristische Weise miteinander verknüpfen. An sich hat der Archetyp eine Tendenz, die Vorstellung von einem bestimmten Grundmuster zu erzeugen, bleibt aber als unanschauliche Größe auf der unbewussten Ebene und ist dort einer unmittelbaren Erkenntnis nicht zugänglich. Die von ihm hervorgebrachten Vorstellungen weisen eine Mannigfaltigkeit von Variationen auf, wobei sie durch eine relativ stabile invariante, grundlegende Struktur gekennzeichnet sind. Wenn wir bspw. den Archetyp des Kindes betrachten, so manifestiert er sich in einer Fülle verschiedener Gestalten aus Religionsgeschichte, Mythologie, Märchen, Phantasien und Träumen. Allen sind gewisse Merkmale gemein, die auf eine einheitliche Grundlage verweisen, welche die Gemeinsamkeit begründet. So ist der Archetypus niemals ein Gegenstand unmittelbarer Erfahrung und es verhält sich mit ihm wie mit den Elementarteilchen in der Physik. Lediglich seine Auswirkungen im Bewusstsein sind uns bekannt, seine Merkmale und seine Existenz werden lediglich aus dem bewussten Material erschlossen. Bezieht man archetypische Muster auf beobachtbare Gegebenheiten, so stellen sie menschliches Verhalten in allgemeinen Situationen dar. Sie stehen in einer engen Beziehung zum Kontext der Totalität der menschlichen Existenz und definieren das, was die grundlegenden Strukturen menschlichen Denkens, Fühlens und Handels ausmacht. Archetypen stellen jedoch keine rein psychischen Faktoren dar. Jung schreibt ihnen eine psychoide Natur zu, d. h. sie besitzen gleichzeitig eine physikalische Dimension und gehören damit nicht nur der Welt der Psyche, sondern auch dem materiellen Universum.

Auf der Ebene des kollektiven Unbewussten hört die strenge Unterscheidung von Psyche und Materie auf, und es wird eine Einheit sichtbar, die beiden Sphären übergeordnet ist und sie übergreift (Aniela Jaffé aus „C. G. Jungs letzte Jahren", S. 81). Archetypen stellen Prinzipien der Ordnung dar, welche sowohl psychische als auch materielle Gegebenheiten strukturieren. Wir haben es hier mit Sachverhalten zu tun, die nicht nur Gegenstand der Psychologie sind, sondern die psychologische Zusammenhänge mit der physikalischen Realität verbinden. Innen und außen treten in ein komplementäres Verhältnis zueinander und besitzen einen gemeinsamen Sinn. Der überpersönliche Charakter archetypischer Muster zeigt sich auch in den emotionalen

Begleiterscheinungen, die mit ihrem Auftauchen im Bewusstsein verbunden sind. Jung bezeichnet solche Erfahrungen als nominos, das nominos gehört in die Sphäre des Heiligen. Es verkörpert das faszinierende und schreckliche Mysterium, das die Qualität des Mythischen besitzt, das über die Welt, wie sie sich in der Alltagserfahrung präsentiert, hinausgeht (Theoretische Überlegungen von C. G. Jung §405).

Die von den Archetypen ausgehenden nominosen Wirkungen äußern sich als Affekte. Stets ist das Auftreten eines Archetyps mit Emotionen verbunden, niemals verhält sich das Individuum indifferent. Die Wirkung des Archetypus auf den Menschen ist niemals einheitlich. Er kann sich positiv oder negativ, heilend oder zerstörend auf ihn auswirken. Darüber hinaus vermittelt er dem Bewusstsein ein Maß an Sinnerfülltheit, die ihm zusätzliche Faszination verleiht (S. 232).

Jung bezeichnet den nominosen Charakter des Archetypus auch als geistig. Die im kollektiven Unbewussten verankerten Potenzen besitzen eine Eigendynamik, die dem Subjekt unter Umständen ein Verhalten aufzwingt, gegen das es machtlos ist. Jung schrieb den Archetypen sogar eigene Ziele zu, die sie gegen die Zielsetzungen der einzelnen Person durchsetzen können, wenn diese im Gegensatz zu ihnen stehen. Er geht sogar so weit, ihnen eine Art Bewusstheit zuzuschreiben, die er als Luminosität bezeichnet. Die ganze Dynamik der Psyche basiert auf der Umwandlung und Verteilung von psychischer Energie, die in den Archetypen ihren Ursprung haben. Ihre Eigenständigkeit manifestiert sich auch in einem Wissen, das manchmal den Einsichten des Ichs überlegen ist. In manchen Situationen ist uns ein Wissen zugänglich, das wir durch bewusste Reflexion nicht erreichen können.

Die inneren Bilder verfügen gelegentlich über Wissen und Kenntnisse, die über das Niveau des Ichs hinausgehen (C. G. Jung „Erinnerung, Träume, Gedanken", S. 305). Sie gleichen in gewisser Weise eigenständigen Subjekten, die spezifische Gedankenmuster hervorbringen und Einflüsse zu nutzen vermögen, welche gezielte Veränderungen hervorbringen. Darüber hinaus verfügen sie über die Fähigkeit in Situationen, in denen sich das Individuum befindet, sinnvoll zu interpretieren und zu verstehen (C. G. Jung „Kinderträume, Vorlesungen",

S. 62). Der Kontakt mit ihnen vermittelt dem Menschen Informationen über die Bedeutung der Situation, in der er sich gerade befindet, und leistet damit eine Orientierungshilfe, wenn er konfrontiert ist mit Unklarheit und Verwirrung. Archetypische Gestalten aus der Innenwelt fungieren dann als Wegweiser aus der Verwirrung, in dem sie Hinweise geben, die einen Ausweg aus der Sackgasse zeigen, und entsprechende Impulse geben, einen konstruktiven Wandlungsprozess der Persönlichkeit herbeizuführen (C. G. Jung „Synchronizität als Prinzip akausaler Zusammenhänge", S. 480-481). Dies geschieht vor allem in der Psychotherapie, wenn der Prozess der Veränderung mit Hilfe rationaler Methoden blockiert ist.

Die Aktivierung der Urbilder des Unbewussten mobilisiert Ressourcen, welche neue Impulse geben, die den Prozess der Wandlung der Persönlichkeit in Gang setzen, welche die Störung überwindet. Ein besonders eindrucksvolles Bild von der Fähigkeit des Unbewussten, Problemlösung zu initiieren, liefert die Hypnose. Im Zustand der Trance können wir die Urbilder kontaktieren und ihnen diejenigen Impulse vermitteln, die es ihnen wiederum ermöglichen, ihre Ressourcen zu mobilisieren und gezielt zur Lösung der vorliegenden Problematik einzusetzen. Die inneren Bilder lassen sich auf mannigfaltige Art verwenden, wobei die therapeutische Arbeit nur eine unter vielen darstellt.

Funktionen und Anwendungen innerer Bilder

Betrachten wir die inneren Bilder, so fällt die Mannigfaltigkeit ihrer Funktionen auf, die auf vielfältige Weise in der Veränderungsarbeit Anwendung finden. Dabei ist es gleichgültig, ob dabei therapeutische Zielsetzungen eine Rolle spielen oder wir lediglich die Persönlichkeitsentfaltung oder die Optimierung unserer Fähigkeiten ins Auge fassen. Die inneren Bilder, wie sie im hypnotischen Zustand der Trance auftauchen, sind nicht durch bewusste Aktivitäten gesetzt. Sie entfalten sich in einem autonomen Prozess unabhängig von den Tätigkeiten des Bewusstseins. Eine bewusste Einflussnahme auf Inhalte und Verlauf ist nur begrenzt oder überhaupt nicht möglich. Sie widersetzen sich beharrlich allen Versuchen, sie bewusst umzugestalten, und zeigen damit, dass sie einer Sphäre des Seelenlebens entspringen, die jenseits des bewussten Denkens und seines Einflusses liegt. Natürlich besteht keine starre Schranke zwischen beiden Regionen. Immer liegt auch eine Wechselwirkung vor. Unbewusste Impulse wirken auf die Denkabläufe im Bewusstsein, und umgekehrt haben bewusste Vorgänge einen Einfluss auf das, was im Unbewussten vorgeht. Diese Wechselwirkung stellt eine wichtige Grundlage für die Arbeit mit Trancezuständen dar. Weiterhin tendiert das Unbewusste zur Personalisierung der inneren Bilder. So können bspw. Aggressionen die Gestalt von Wesenheiten wie Raubtiere und Dämonen annehmen, mit denen das bewusste Ich kommunizieren kann. Die Selbstheilungskräfte nehmen möglicherweise die Gestalten innerer Heiler an. Jeder seelische Vorgang, wie Gefühle, Kognitionen und Antriebe, unterliegt der Verwandlung in ein Wesen, mit dem das Ich in einen Dialog treten kann und durch geeignete Fragen von ihm Antworten erhält, die ihm eine tiefere Einsicht in seine Problematik vermitteln. Vor allem archetypische Gestalten eröffnen vertiefte Einblicke in die Hintergründe seelischer Probleme oder Krankheiten. Ein innerer Heiler vermag Auskunft zu geben, welche Ursachen der gesundheitlichen Störung zu Grunde liegen und welche therapeutischen Interventionen geeignet sind, sie zu beheben oder wenigstens zu bessern. Ihre Antworten geben Informationen über Krankheitsursachen, die der Aufmerksamkeit des Therapeuten entgingen, oder sie schlagen Maßnahmen für eine Therapie vor, die zunächst aberwitzig erscheinen, sich aber schließlich als erfolgreich erweisen. Auch der Zusammenhang zwischen manchen Lebensproblemen mit bestimmten biographischen Ereignissen, Einstellungen und Verhaltensmustern enthüllt die Kommunikation mit bestimmten archetypischen Mustern.

Damit gelangt ein im Unbewussten verborgenes Wissen ins Bewusstsein und verändert das Denken, Fühlen und Verhalten auf eine Weise, die eine Chance bietet, neue Denk- und Verhaltensmuster zu entwickeln, welche die eingefahrenen dysfunktionalen, mentalen Strukturen auf eine Weise verändern, die ein befriedigenderes Leben ermöglicht.

Neue Möglichkeiten des Verhaltens lassen sich in der Imagination durchspielen, vor allem dann, wenn der innere Kritiker in der Trance weitgehend ausgeschaltet ist. Die einengenden, bewussten, mentalen Strukturen, welche die Imagination einengen, sind weitgehend stillgelegt und ermöglichen es unbewussten Prozessen, sich frei zu entfalten. Ihre größere Flexibilität eröffnet ein breiteres Spektrum, um Alternativen des Denkens, Fühlens und Verhaltens zu entwickeln, die über die bisherigen Möglichkeiten hinausgehen. So kann es geschehen, dass der Klient Situationen visualisiert, die ihm bisher Schwierigkeiten bereiteten, in denen er Gefühle und Verhaltensweisen äußerte, die ihn belasteten, die ihn dann hinderten, erfolgreich seine Ziele zu erreichen. Möglicherweise leidet er darunter, sich gegenüber der unberechtigten Kritik sozial Höhergestellter erfolgreich zu behaupten. Er ist jedoch nicht in der Lage, sich bewusst auf eine angemessene Weise zu verhalten und Übergriffe wirksam zurückzuweisen, obgleich es ihm doch klar ist, was er tun müsste. Die intellektuelle Einsicht nutzt jedoch nichts, weil Programme in Form von mentalen Strukturen und Gedankenmustern störend einwirken und sein Verhalten blockieren.

In der Trance, wenn das kritische Denken ausgeschaltet ist, kann das Unbewusste mit neuen Möglichkeiten experimentieren, die das kritische Bewusstsein als unmöglich verworfen hatte. Der Klient visualisiert die problematischen Situationen, aber nicht mit ihrer Problematik, sondern wie ihre Lösung aussieht. Dabei ist es nicht notwendig, sich der Lösungsmöglichkeiten bewusst zu sein, fordert man das Unbewusste auf, Bilder von Lösungen zu entwickeln, so visualisiert der Klient unter Umständen Szenen, in denen er auf eine Weise denkt, fühlt und handelt, wie es seinen Wünschen und Bedürfnissen entspricht. Dabei manifestieren sich die Formen der Bewältigung spontan auf eine Weise, die für das betroffene Individuum überraschend ist und die es in dieser Form nicht erwartet. Die Impressionen sind häufig mit mehr oder weniger ausgeprägtem Gefühl verbunden und leisten einen wichtigen Beitrag zur Wirksamkeit hypnotischer Verfahren. Sehr wahrscheinlich stellen die in der Trance auftretenden Gefühle wesentliche Komponenten ihrer Wirksamkeit dar. Es besteht auch die Möglichkeit, dass das Unbewusste seine Lösungen auf eine symbolisch verschlüsselte Weise darbietet, die das Bewusstsein nicht versteht. Vielleicht visualisiert der Proband seine Selbstbehauptung, indem er das Bild eines kleinen Mannes entwickelt, der einen bedrohlich agierenden Riesen fesselt. Auch wenn ihm auf der bewussten Ebene die Bedeutungen seiner Imaginationen fremd sein mögen, erfasst er sie auf der unbewussten Ebene umso deutlicher. Trotz unterschiedlicher bewusster Wahrnehmungen innerer Bilder erlebt er ggf. die gleichen Auswirkungen.

Bewusstmachung ihrer Bedeutung ist keine notwendige Voraussetzung für ihre Wirksamkeit. Neurophysiologische Untersuchungen belegen, dass bei Visualisierungen in der Trance die gleichen Areale des Gehirns aktiviert werden wie bei der direkten Wahrnehmung. Das Gehirn macht keinen Unterscheid zwischen visualisierten und wahrgenommenen Objekten und behandelt beide in gleicher Weise als real. Diese Phänomene bilden die Grundlage für die Wirksamkeit innerer Bilder. Werden die einschränkenden Faktoren, die das Bewusstsein beherrschen, in ihren Funktionen lahmgelegt, kann sich die Aktivität des Unbewussten ungehindert entfalten. Dabei überschreitet die Psyche die Grenze des Bekannten, transzendiert die Schranken von Raum und Zeit, entwirft neue Möglichkeiten und vergegenwärtigt selbst das

Unmögliche. In der Imagination entfalten sich mögliche Welten, manchmal ohne Beziehung auf die eigene Person und das System ihrer Verhaltensweisen. In manchen Fällen besteht eine direkte Beziehung der visualisierten Szenarien zu deren konkreten Problemen und enthaltenen Möglichkeiten, die zu ihrer Lösung beitragen. Einen großen Einfluss haben innere Bilder auf Gefühle. Sie wirken regulierend auf sie, indem sie sie verstärken, abschwächen oder in ihrer Beschaffenheit modifizieren. Diese Funktion ist bei der Behandlung psychischer Störungen von Bedeutung, da diese immer von belastenden Gefühlen wie Angst, Schuldgefühlen, depressiven Verstimmungen begleitet werden. Innere Bilder, die sich mit Scheitern und Bedrohungen befassen, aktivieren Angst, das Gefühl der Ohnmacht und führen zu störenden Verhaltensweisen, welche Erfahrungen nach sich ziehen, die diese Befürchtungen bestätigen. Diese wiederum verstärken Gefühle der Ohnmacht, der Hilflosigkeit, der Wut und der Angst. Sie beziehen sich auf die Situationen, in denen das Subjekt handelt, in dem es sie als bedrohlich oder schwierig erscheinen lässt. Darüber hinaus beeinflussen sie die Auffassung, die die Person von ihren Fähigkeiten besitzt, die an sie gestellten Anforderungen zu bewältigen. Diese Vorstellungen entspringen seinem Selbstkonzept, dem Bild, das die Person von sich selbst hat.

Gefühle der Angst, der Hilflosigkeit und der Ohnmacht weisen auf eine geringe Selbstwirksamkeit und mangelndes Selbstvertrauen hin. Imaginationen, welche Scheitern und Versagen beinhalten, repräsentieren ein destruktives Selbstkonzept, das Handlungen veranlasst, welche Erfolg mehr oder weniger ausschließen. Vorstellungen, die sich vor allem mit der eigenen Unfähigkeit beschäftigen, terminieren die Fähigkeit zum entschlossenen zielorientierten Handeln und schränken damit den eigenen Aktionsspielraum ein. Innere Bilder bilden auch die Grundlage neuer Ideen. Sie erweitern das Spektrum vorhandener Gedanken, können es aber auch einschränken. Einschränkend wirken sie vor allem über belastende Emotionen. Sie blockieren den Zugang zu den notwendigen Ressourcen und schränken auf diese Weise den Spielraum des Verhaltens ein. Damit wird das Individuum dazu veranlasst, seine bewussten Denkprozesse einzuengen. Es verliert das Vertrauen, sich mit neuen Ideen zu beschäftigen, und zieht es vor, sich in den eingefahrenen Bahnen gewohnter Denk- und Verhaltensmuster zu bewegen.

Auf diese Weise stabilisieren sich auch die Symptome psychischer Störungen und verhindern eine Neuorientierung. Ein solches Verhalten verhindert die Ausrichtung der Aufmerksamkeit auf innere Bilder, welche konstruktivere Denk- und Verhaltensweisen ermöglichen. Imaginationen, die sich mit neuen Formen des Denkens, Fühlens und Verhaltens beschäftigen, implizieren die Erfahrung neuer Möglichkeiten, welche Auswege aus den Schwierigkeiten eröffnen. Diese positiven Alternativen resultieren aus dem Kontakt mit den Ressourcen, die sich für konstruktive, alternative Bewältigungsstrategien nutzbar machen lassen. Indem das Individuum in der Lage ist, solche Ressourcen zu aktivieren und auf dieser Grundlage neue Handlungspläne und Verhaltensmöglichkeiten zu entwerfen, setzt es Impulse, die eine neue Dynamik der Transformation in Gang setzen und aufrechterhalten. Die Art und Weise, wie die inneren Bilder Gefühle regulieren, beeinflusst auch wichtige Aspekte des Selbstkonzeptes. Dazu gehört die Selbstwirksamkeit, d. h. die Fähigkeit der Person, aktiv in den Ablauf des Geschehens einzugreifen und es bewusst zu gestalten.

In dem Maße, wie Imaginationen als Störfaktoren das Spektrum des Denkens, Fühlens und Verhaltens einengen, erfährt auch die Selbstwirksamkeit eine Reduktion. Es handelt sich dabei weniger um eine objektive Begrenzung, sondern vor allem um eine Störung der Wahrnehmung. Es fehlen weniger die Fähigkeiten und die Chancen wirksam zu handeln, sondern die Person nimmt sie nicht wahr, weil ihre Aufmerksamkeit sich vor allem auf das, was fehlt, fokussiert. Die Defizite beherrschen das Denken und entmutigen die Person derart, dass es ihr überhaupt nicht in den Sinn kommt, über ihre Grenzen hinauszublicken, die sie gefangen halten, und neue Perspektiven zu gestalten, die es ihr gestatten, Verletzungen und Traumata zu überwinden und neue, bislang nicht gelebte Möglichkeiten zu verwirklichen.

Die geringe Selbstwirksamkeit beruht auf einem massiven Minderwertigkeitsgefühl und einem geringen Selbstvertrauen, das die

Chancen gering einschätzt, durch aktives Handeln die eigenen Ziele zu verwirklichen bzw. sich neue Ziele zu setzen. Damit ist es auch der Persönlichkeit verwehrt, sich zu entfalten, latente Fähigkeiten zu entwickeln und neue positive Eigenschaften herauszubilden, die sie bereichern. Gelingt es jedoch, konstruktive innere Bilder zu entwickeln und gezielt einzusetzen, so verändert sich das Szenario. Man erhält Hinweise auf unerfüllte Wünsche und Sehnsüchte, auf Lebenspläne, die an äußeren und inneren Widerständen gescheitert sind, und auf innere Störfaktoren, die die Entwicklung der Persönlichkeit beeinträchtigen. All dies gelangt ins Bewusstsein, wird erkannt und lässt sich bearbeiten. Imaginationen, die auf die Verwirklichung von Lebenszielen und Lebensplänen ausgerichtet sind, und welche, die dafür erforderliche Ressourcen verfügbar machen und Wege freimachen, sie gezielt einzusetzen, tauchen im Bewusstsein auf. Auch diese inneren Bilder manifestieren sich häufig in symbolischer Form, die sich vielfach dem rationalen Verständnis entzieht. Manchmal ist das Symbol ohne tiefer gehende Deutungsarbeit unmittelbar verständlich, da seine Bedeutung aus der Struktur des Bildes ableitbar ist.

Wenn der Klient, der an einer Hautkrankheit leidet, sich in Trance unter einen Wasserfall stellt und das Wasser über die belasteten Hautstellen fließen lässt, so liegt das Motiv der Reinigung der Haut auf der Hand. Aus der Beschaffenheit der Imagination können wir ihre Zielsetzung ohne komplizierte Analysen direkt ableiten. Auch im folgenden Beispiel sind wir in der Lage, die Bedeutung der Symbolik relativ leicht zu entschlüsseln, ohne noch weitere Hintergründe aufzudecken. Ein Mann, der unter eine Zwangsstörung litt, visualisierte in Trance den Eingang einer Höhle. Nachdem er sie betreten hatte, sah er sich selbst auf eine Tischplatte gefesselt. Er löste seinem anderen Ich die Fesseln und verschmolz mit ihm, was zu einer signifikanten Verbesserung der Zwangsstörungen führte. Die Befreiung des gefesselten zweiten Egos spiegelt die Auflösung der psychischen Zwänge klar und deutlich wider. Die Fesseln stellen die Zwangshandlungen und Zwangsgedanken dar. Das Gefesseltsein an die Tischplatte repräsentiert die Unfreiheit, die durch den seelischen Zwang entsteht. Die Lösung der Fesseln symbolisiert einen Akt, der die Auflösung der zwanghaften seelischen Bildungen und die aus ihnen resultierenden Zwangshandlungen verkörpert.

Diese Beispiele verdeutlichen einen wesentlichen Grundsatz der Arbeit mit Symbolen. Ändern wir ein Symbol, so ändert sich auch der Tatbestand, für den es steht. Allerdings ist es nicht immer so einfach. Die Zusammenhänge sind oft viel komplexer und eine eindeutige Zuordnung einzelner Symbole zu bestimmten Symptomen ist nicht immer gegeben.

Eine Frau litt an Heuschnupfen und einer Nahrungsmittelallergie. In der Trance ging sie in ihre innere Welt, reinigte sich unter einem Wasserfall, hinter dem sich der Eingang zu einer Höhle öffnete. Nach der Reinigung unter dem Wasserfall verschwand der Heuschnupfen, die Nahrungsmittelallergie blieb jedoch bestehen. In der Höhle fand sie auf dem Boden Edelsteine, die sie an der Wand befestigte, so dass ein Mosaik entstand. Danach verließ sie die Höhle. Die Nahrungsmittelallergie hatte sich verbessert, war aber nicht geheilt. In der folgenden Sitzung begab sie sich wieder in die Höhle und fand auf dem Boden einen einzelnen Edelstein, den sie in einer Lücke im Mosaik befestigte. Danach war die Nahrungsmittelallergie verschwunden. Weder der Therapeut noch die Klientin verstand die Konfiguration der Edelsteine an der Höhlenwand. Das Unbewusste inspirierte das Bewusstsein zu einem Muster, das es als Impuls auffasste, eine Heilung von der Nahrungsmittelallergie herbeizuführen. Die inneren Bilder entfalteten dabei ihre Wirksamkeit, ohne dass das Bewusstsein ihre Bedeutung erfasste. Sie wirken auf der Grundlage von Prozessen, die auf der Ebene des Unbewussten funktionieren.

Wenn wir uns den Sinn von Imaginationen vergegenwärtigen, indem wir sie in das Medium der Sprache übersetzen, nehmen sie häufig den Charakter von Grundannahmen oder Glaubenssätzen an. Dies betrifft sowohl die Einschätzung der Situationsbedingungen, mit denen das Individuum konfrontiert ist, als auch das Selbstkonzept der eigenen Person. Gedankenmuster äußern sich auf unterschiedliche Weise. Manche beziehen sich auf die konkrete Situation, mit der ein Mensch gerade konfrontiert ist.

Gesetzt den Fall jemand leidet unter Prüfungsangst: Steht eine Prüfung an, so löst das eine Sequenz von Gedanken aus, die sich mit ihren bedrohlichen Aspekten und der eigenen Unfähigkeit, sie erfolgreich zu bewältigen, beschäftigen. Bei häufiger Wiederholung von Prüfungssituationen entwickeln sich Sequenzen von Gedanken, die automatisch ablaufen. Sie stellen relativ stabile Muster dar, die sich ständig wiederholen und dabei unter die Schwelle des Bewusstseins sinken, sodass sie nicht oder nur in Bruchstücken der bewussten Reflexion zugänglich sind. Diese Gedanken enthalten Bewertungen, welche Emotionen hervorrufen. Beurteilt der Betroffene die Prüfung als eine Bedrohung und ist er überzeugt, dass er über keine Ressourcen verfügt, sie erfolgreich zu bewältigen, so stellt Angst die unvermeidliche Reaktion dar. Interpretiert er sie dagegen als eine Herausforderung, mit der er seine Kompetenz unter Beweis stellen kann, löst diese Bewertung positive Gefühle aus. Bei älteren Kindern und erwachsenen Menschen sind die meisten Emotionen das Ergebnis kognitiver Leistungen sowie Bewertungen. Im Strom automatisierter Gedanken liegen situationsübergreifende Überzeugungen zu Grunde, die sie nicht auf einzelne Situationen beziehen, sondern auf einen Typus von Situationen mit einem gemeinsamen Thema. In unserem Beispiel könnte sie lauten: „Prüfungen sind schwer" bzw. „Ich kann keine Prüfung bestehen" oder noch allgemeiner „Ich bin dumm".

Situationsübergreifende Grundannahmen fungieren als Programme, welche bestimmten Bereichen der Erfahrung Bedeutung verleihen, die das Denken, Fühlen und Handeln bestimmen. So unterliegen alle Formen der Welterfahrung der Interpretation und Bewertung durch situationsübergreifende Grundsätze und automatisierte Gedanken und prägen auf ihre Weise die Lebensverhältnisse des Individuums. Dabei ist es gleichgültig, ob die Ergebnisse für es oder seine Mitmenschen positiv oder negativ sind. Die dabei wirkenden Mechanismen sind immer die gleichen. Bei Glaubenssätzen handelt es sich nicht zwangsläufig um religiöse Überzeugungen oder philosophische Thesen, obgleich dies auch der Fall sein kann. Es sind Annahmen, die der Mensch als wahr ansieht und die für ihn eine unbezweifelbare Gültigkeit besitzen. Nicht ihr Wahrheitsgehalt begründet ihre Wirksamkeit, sondern allein die Tatsache, dass sie geglaubt werden. Diese Gedankenmuster können sich auf beliebige Gegenstände, Sachverhalte und Personen beziehen. Ein Glaubenssatz wie „Meine Mutter ist liebevoll" hat eine Person zum Gegenstand. „Der Mensch ist gut" ist eine Aussage bzw. eine Bewertung über ein Kollektiv. „Macht ist böse" ist eine Überzeugung über ein Phänomen des sozialen Lebens. „Ich bin nicht liebenswert" oder „Ich bin unfähig" stellen Annahmen dar, die als Bestandteile des Selbstkonzeptes das eigene Ich zum Objekt haben.

Glaubenssätze sind keine isolierten Gebilde, sondern bilden Netzwerke von Überzeugungen, die sich gegenseitig unterstützen und ergänzen. Sie wirken sich auf unterschiedliche Weise im menschlichen Leben aus. So beeinflussen sie die Wahrnehmung der Welt und der eigenen Person, indem sie diejenigen Aspekte herausfiltern, die zu ihnen passen. Glaubt jemand, dass seine Mitmenschen ihn ablehnen, so nimmt er überall Anzeichen von Ablehnung wahr. Er übertreibt maßlos die geringsten Anzeichen von Antipathie oder registriert eine ablehnende Haltung, wo keine vorhanden ist. In solchen Fällen findet eine systematische Verzerrung der Wahrnehmung statt. Die Überzeugung „Ich bin nicht liebenswert" verzerrt die Wahrnehmung des eigenen Selbst. Der Betroffene sieht bei sich hauptsächlich negative Eigenschaften, übersieht das Positive im eigenen Wesen und lässt an sich kein gutes Haar. Die Gesamtheit der Überzeugungen stellt die kognitive Landkarte dar, die uns sagt, wie die Welt und wir selbst beschaffen sind. Sie legt unsere Erwartungen hinsichtlich der Welt und anderer Menschen fest und bestimmt, wie wir selbst in den unterschiedlichen Alltagssituationen reagieren. Ohne Glaubenssätze würde uns die Orientierung fehlen. Wir hätten keine Erwartungen und wären nicht in der Lage, Handlungspläne zu entwickeln.

Unter solchen Bedingungen wären wir nicht lebensfähig. Bei einer gesunden Entwicklung sind die Grundannahmen hinreichend flexibel, so dass sie angesichts widersprechender Fakten einer Revision unterzogen werden. Damit ist der Mensch lernfähig. Er passt seine Überzeugungen den Fakten an, so dass sie im Großen und Ganzen realitätsgerecht sind. Bei psychischen Störungen besitzen sie ein so hohes Maß an Starrheit, dass das Individuum sie auch angesichts widersprechender Daten aufrechterhält. Es leugnet Widersprüche oder nimmt sie nicht zur Kenntnis. Eine beliebte Methode besteht auch darin, sie durch Umdeuten passend zu machen. Auf diese Weise lassen sich Überzeugungen mit einem mangelnden Realitätsbezug nahezu unbegrenzt aufrechterhalten. Solche Muster entwickeln die Tendenz zu selbsterfüllenden Prophezeiungen. Das von ihnen geleitete Handeln produziert Ergebnisse, die mit ihnen übereinstimmen. Erwartet ein Mensch bspw., dass seine Mitmenschen ihn ablehnen, verhält er sich ihnen gegenüber abweisend und defensiv, sodass sie ein Verhalten zeigen, dass seinen Erwartungen entspricht.

Viele Glaubenssätze steuern das Verhalten auf eine Weise, die zu Ergebnissen führt, die mit ihnen übereinstimmen. Glaubenssätze stellen Leitlinien der Erwartungen dar, welche auch die Grundlagen für die Regeln abgeben, nach denen Menschen ihre Handlungspläne entwickeln. Nur ein Teil dieser Muster gelangt jemals ins Bewusstsein. Ein großer Teil, der häufig am wirksamsten ist, entfaltet auf der Ebene des Unbewussten seinen Einfluss. Sie gehen mit den Wahrnehmungen eine so enge Verbindung ein, dass sie als ein Bestandteil der wahrgenommenen Realität erscheinen. Für das betroffene Individuum stellt seine Realitätswahrnehmung nicht das Ergebnis einer subjektiven Interpretationsleistung dar, sondern es ist der Überzeugung, dass es einer von ihm unabhängigen Tatsache gegenübersteht.

Da die Glaubenssätze als eins mit der objektiven Realität erscheinen, gelangen wir zu der Überzeugung, dass die Erfahrung sich nicht durch das Denken verändern lässt. Wenn ein Mensch der Ansicht ist, dass seine Mitmenschen ihn ablehnen, nimmt er diese Zurückweisung in ihrem Verhalten als einen objektiven Tatbestand wahr und nicht als das Ergebnis eine Interpretation, die möglichweise auf falschen Überzeugungen beruht. Glaubenssätze lassen sich jedoch bewusstmachen, wenn das Individuum die Situation, indem sie ihre Wirksamkeit entfaltet, visualisiert und seine Aufmerksamkeit auf den Strom der Gedanken richtet, welche die Impressionen und Gefühle begleiten. Die Kultivierung der Achtsamkeit ermöglicht es, die verschiedenen Komponenten der Erfahrung auseinanderzulegen und die Sinneseindrücke von den Interpretationen und Bewertungen zu unterscheiden.

Es gibt verschiedene Zugänge zu diesen mentalen Strukturen. Relativ leicht zugänglich ist die erste Schicht der automatisierten Gedanken. Schwierigkeiten treten bei Versuchen auf, sie im Wachzustand zu identifizieren, weil sie außerordentlich schnell und zum großen Teil unter der Bewusstseinsschwelle ablaufen. Auf die Frage „Was haben Sie gedacht, als Sie das belastende Gefühl empfanden" antworten die Klienten meistens „nichts". Die Gefühlsreaktion und das damit verbundene Verhalten scheinen selbstständig und ohne eine kognitive Grundlage aufzutreten. Gibt man in der Trance Suggestionen, die auf eine Verlangsamung und Bewusstwerdung ausgerichtet sind, so tauchen allmählich die stereotypen Denkabläufe der ersten Ebene auf. Auch die grundlegenden Glaubenssätze werden im Zustand der Trance sichtbar. Suggeriert der Therapeut, dass der Klient Kontakt aufnehmen soll mit den situationsübergreifenden Grundannahmen, manifestieren sie sich meist schnell im Bewusstsein. Manchmal ist ein direkter Kontakt mit ihnen möglich unter Umgehung der automatischen Gedanken. Suggestionen wie „Welche grundlegenden Überzeugungen liegen Ihrer Angst zugrunde?" reichen manchmal aus, um zu den fundamentalen Glaubenssätzen vorzustoßen. Im Bewusstsein erscheinen sie manchmal als Schriftzüge oder werden von einer Stimme gesprochen. Es kommt auch vor, dass sie in Form eines Wissens auftauchen ohne anschauliche Komponenten. Es besteht auch die Möglichkeit, dass bestimmte Symbole sie repräsentieren. Innere Bilder geben dann den Inhalt der Glaubenssätze wieder.

Formen der Arbeit mit Visualisierungen in der Psychotherapie

Es gibt verschiedene Möglichkeiten von Imaginationsbildern in der Psychotherapie. Verschiedene Therapieschulen haben unterschiedlichen Methoden entwickelt, innere Bilder bei der Behandlung psychischer Probleme einzusetzen. Ein wichtiger Unterschied zwischen den verschiedenen Therapieschulen besteht im Grad der Freiheit, der dem Klienten zugestanden wird, bestimmte innere Bilder zu entwickeln. Manche arbeiten mit methodisch geführten Imaginationen, bei denen den Probanden bestimmte Bilder und deren Verwendungsweisen vorgegeben werden, um entsprechende therapeutische Wirkungen zu erzielen. So gibt der Therapeut im Rahmen einer Schmerztherapie möglicherweise das Bild einer heilenden Kraft vor, wie z. B. weißes Licht, das der Patient in den Schmerz hineinfließen lässt, um den Schmerz aufzulösen.

Eine andere Möglichkeit besteht darin, dass er für ein Problem ein Bild findet und den Betroffenen auffordert, sich mit ihm auseinanderzusetzen, bis er es aus einer Perspektive heraus betrachtet, die ihm die Chance bietet, eine Lösung zu finden. Gesetzt den Fall ein Klient sieht sich im Leben mit Hindernissen konfrontiert, die ihm als unüberwindlich erscheinen: Der Therapeut gibt ihm ein Bild vor, das ein solches Hindernis symbolisiert, zum Beispiel eine steile Felswand oder eine Schlucht. Dann gibt er ihm die Anweisung, emporzuklettern oder die Schlucht zu überqueren, oder er lässt ihm die Freiheit, die Wege der Bewältigung selbst zu finden, das Hindernis auf eine symbolische Weise zu bewältigen.

In symbolischer Form gemachte Erfahrung, in der Lage zu sein, aus eigener Kraft Hindernisse zu überwinden, stärkt das Selbstvertrauen, dies auch im realen Leben zu können. Mit Vorgaben arbeiten auch die Phantasiereisen, wobei dem Imaginierenden symbolhafte Imaginationsszenen vorgegeben werden, die er in der eigenen Vorstellung nachvollzieht. Inhalt und Ablauf der Reise sind genau festgelegt, wobei der Proband meist die Bilder nicht genau in seiner Vorstellung reproduziert, sondern sie mehr oder weniger verändert.

Ein Beispiel für die therapeutische Arbeit mit vorgegebenen Bildern ist die Vorgehensweise von Simonton in seiner Krebstherapie mit Imaginationen. Der Therapeut fordert den Patienten auf, die Tumore als schwache Monster zu visualisieren. Das Merkmal der Schwäche kennzeichnet sie als besiegbar durch die starken Zellen des Immunsystems. Diese imaginiert er als mächtige Kämpfer, welche die schwachen Ungeheuer angreifen und vernichten.

Die grundlegenden Elemente der Imagination und die Formen ihrer Interaktion sind im Wesentlichen vorgegeben, obgleich die Patienten sie mehr oder weniger modifizieren. Eine andere Vorgehensweise beschränkt sich auf die Vorgabe, bestimmte Bildmotive ohne ihre Merkmale im Einzelnen zu beschreiben. Es bleibt dem Probanden überlassen, sie in seiner Phantasie auszugestalten. Ein solches Verfahren ist die katathym imaginative Psychotherapie (KIP) von Hanscarl Leuner. Sie besteht aus drei Stufen: der Grundstufe, der Mittelstufe und der Oberstufe. Auf der Grundstufe gibt der Therapeut dem Klienten 5 Motive vor, die er sich in der Imagination vergegenwärtigen soll: die Wiese, den Bach mit der Quelle, den Berg, das Haus einschließlich der einzelnen Zimmer und den Waldrand. Es bleibt ihm überlassen, diese allgemeinen Vorgaben mit Inhalt zu füllen. Die Art und Weise, wie er sie visualisiert und welche Eigenschaften er ihnen zuordnet, erlaubt diagnostische Rückschlüsse auf die vorhandene Problematik, da er unbewusst seine inneren Impulse und Vorgänge in Form bildhafter Symbole zum Ausdruck bringt. Jedes der fünf Grundmotive bezieht sich auf ein bestimmtes fundamentales Lebensthema. Die Art und Weise, wie der Proband Wiese, Bach, Haus, Berg, Waldrand imaginiert, welche Eigenschaften er unbewusst mit ihnen verbindet, ermöglicht Rückschlüsse auf seine Befindlichkeit.

Darüber hinaus hat die Visualisierung der verschiedenen Bildmotive auch eine therapeutische Wirkung. Indem der Klient sich seine unbewussten Inhalte im Rahmen der vorgegebenen Muster in symbolischer Form vergegenwärtigt, findet eine Veränderung psychischer

Prozesse und Strukturen statt, welche psychische und psychosomatische Störungen bessern oder völlig aufheben. Dabei ist es bedeutungslos, ob er eine rationale Einsicht in die Beschaffenheit des Problems und die Art seiner Lösung gewinnt. Die Beschäftigung mit den symbolischen Bildern übt einen Einfluss auf die Struktur und die Dynamik der unbewussten Vorgänge aus, die der Störung ihre Grundlage entzieht. Die Arbeit mit ihnen stellt eine indirekte Auseinandersetzung mit den pathogenen Faktoren dar, welche belastende Gedanken und Gefühle sowie dysfunktionale Verhaltensweise zum Verschwinden bringen, ohne bewusste Einsicht in die bestehenden Zusammenhänge.

Die Auflösung der Problematik geschieht auf der Basis der unbewussten Ebene allein durch Eingriff in die im Bewusstsein präsenten Bilder, ohne dass die betroffene Person ihre Bedeutung kennen muss. Das Bewusstsein setzt die Grundmotive, die den Rahmen abgeben, in denen sich bestimmte unbewusste Inhalte zeigen. Welche Inhalte sich im bewussten Erleben manifestieren, hängt von der Bedeutung der bewusst vorgegebenen Bilder ab. Sie üben eine Selektionswirkung aus, indem sie diejenigen unbewussten Gegebenheiten aufgreifen, die zu ihrer Bedeutung passen.

Am weitesten gehen Methoden, die mit freien und offenen Imaginationsformen arbeiten. Sie verzichten auf inhaltliche Vorgaben und auf Instruktionen zur Entfaltung bestimmter Prozesse. Sie sorgen dafür, dass ein indirekter Kontakt mit dem Unbewussten hergestellt wird. Der Imaginierende entwickelt spontan Bilder und ihre Sequenzen, in denen sich die Gegebenheiten der unbewussten Psyche so ausdrücken, wie es ihrer inneren Dynamik entspricht, ohne gezielt spezifische Inhalte durch bewusste Aktivitäten hervorzurufen. Auf diese Weise besteht die Möglichkeit, bei der Veränderungsarbeit auf die Eigendynamik des Unbewussten zurückzugreifen und seine Selbstheilungskräfte optimal zu nutzen. C. G. Jung hat mit seinem Verfahren der aktiven Imagination einen solchen direkten Zugang zum Unbewussten gefunden.

Hypnose und aktive Imagination

C. G. Jung unterscheidet passive und aktive Imagination. In der passiven Imagination betrachtet der Proband die spontan auftauchenden Bilder von außen. Er gleicht dem Zuschauer in einem Kino, der die wechselnden Bilder auf der Leinwand als passiver Betrachter registriert, ohne auf sie einzuwirken. Bei der aktiven Imagination geht er in die visualisierten Szenen hinein und interagiert aktiv mit den Wesenheiten, die spontan im Bewusstseinsfeld in Erscheinung treten. Indem man alle Inhalte so lässt, wie sie sind, sie lediglich beobachtet, ohne den Versuch zu unternehmen, sie in eine bestimmte Form zu bringen und ihre spontan auftretenden Veränderungen lediglich registriert, gibt man dem Unbewussten Raum, sich ungehindert auszudrücken.

Wenn nun der Beobachter in das Bild hineingeht und mit den Figuren, die zu ihm sprechen, kommuniziert, übt er auf das Unbewusste einen Einfluss aus, der zu einem Wandlungsprozess führt. Im Verlauf dieser Transformation werden psychische Störungen geheilt oder zumindest gebessert, und es ist eine positive Entwicklung der Persönlichkeit zu verzeichnen. Jung sieht in diesem Interaktionsprozess einen Vorgang, bei dem sich eine Einheit von Bewusstsein und Unbewusstem herausbildet, in dem das Bewusstsein das Unbewusste und das Unbewusste das Bewusstsein analysiert.

Jung hat nicht das ganze Potential der aktiven Imagination ausgeschöpft. Er wies ihm eine Rolle am Ende der Therapie zu und wies den Analysanden an, sich mit seiner eigenen Bilderwelt zu beschäftigen. Er scheint niemals die aktive Imagination systematisch in den Therapiesitzungen unter seiner Leitung angewendet zu haben. Einige seiner Anhänger haben diese Verfahren in den Mittelpunkt der Therapie gerückt und als wichtiges Instrument genutzt.

Eine zweite Möglichkeit, ihre Effektivität zu steigern, fand zunächst keine Beachtung: der Einsatz der Hypnose. Mit ihrer Hilfe ist es möglich, den Kontakt mit dem Unbewussten zu intensivieren und die Entwicklung von Bildern und bildhaften Sequenzen zu unterstützen. In diesem Zusammenhang wollen wir Jungs Konzept aufgreifen und es in modifizierter Form in den Kontext eines hypnotherapeutischen Ansatzes stellen.

Am Anfang der Arbeit mit den inneren Bildern steht die Induktion eines Trancezustandes. Sie sorgt für die weitgehende Ausschaltung des kritischen Denkens und aller störenden Gedankenmuster, die das Bewusstsein beherrschen und den Kontakt mit dem Unbewussten erschweren oder gänzlich ausschließen. In der Trance findet eine Entleerung des Bewusstseinsfeldes statt, die den Weg frei macht für die Inhalte des Unbewussten. Durch die Tranceinduktion schaffen wir einen freien Raum, in dem die unbewussten Inhalte sich manifestieren können.

Dabei ist es hilfreich, die Tranceerfahrung bis zu einem gewissen Grad zu strukturieren. Nachdem der Therapeut Entspannung und Ruhe induziert hat, aktiviert er innere Bilder, die als Bühne für weitere Interventionen Verwendung finden. Dazu eignen sich Metaphern wie Orte oder innere Landschaften. Folgende Suggestionen eignen sich für die Evokation komplexer Bilder, welche den Rahmen für die weiteren Imaginationen abgeben:

„Vor Ihrem geistigen Auge formen sich Bilder, die sich immer klarer und deutlicher entfalten.
Ein Ort Ihrer inneren Welt oder die Landschaft Ihrer Seele.
Wenn Sie diese Landschaft wahrnehmen,
erkennen Sie einen Weg, der in sie hineinführt.
Sie nehmen den Pfad wahr,
betreten ihn
und gehen immer tiefer in Ihr inneres Reich hinein.
Mit jedem Schritt vertiefen sich Entspannung und Ruhe,
fallen alle Sorgen und Ängste von Ihnen ab
wie welke Blätter von einem Baum im Herbst."

Solche Suggestionen bewirken eine weitere Vertiefung der Trance. Es ist auch hilfreich, den Probanden seine Eindrücke beschreiben zu lassen, was seine Erfahrung noch mehr vertieft. Um zu verhindern, dass der hypnotische Bewusstseinszustand bei der Befragung an Intensität abnimmt oder sich auflöst, eignen sich folgende Suggestionen:

„Wenn Sie etwas gefragt werden, können Sie klar und deutlich antworten, ohne dass die Trance sich auflöst.
Wenn ich mit Ihnen spreche, bleiben Sie in diesem angenehmen Zustand der Trance."

Was auch immer der Klient sagt: Der veränderte hypnotische Bewusstseinszustand bleibt bestehen. Auf diese Weise sichert sich der Hypnotiseur gegen die Auflösung der Trance aufgrund der Außenkontakte. Damit gelingt es ihm, Bedingungen zu schaffen, die Tranceerfahrungen bis zu einem gewissen Grad zu steuern und gleichzeitig ihre Kontinuität aufrechtzuerhalten. Bei dieser Vorgehensweise ist keine besonders tiefe Trance erforderlich, weil die Aktivität des Ichs nicht zu stark eingeschränkt werden soll. Nur wenn sie bis zu einem gewissen Grad intakt ist, kann sie sich mit dem Unbewussten auseinandersetzen, was zu einer konstruktiven Veränderung beider Systeme führt. Wenn der Klient den Weg in seine innere Welt beschreitet, sich dabei umsieht und seine Impressionen beschreibt, verankert er sein Bewusstsein immer tiefer in den Regionen seines Geistes, in denen sich die Inhalte seines Unbewussten ausdrücken. Dabei treten die Eindrücke immer klarer und deutlicher hervor und ihre Zusammenhänge lassen sich immer besser erforschen.

Für eine größere Klarheit ist es hilfreich, zwischen Sinneseindrücken und Gefühlen hin und her zu pendeln.

Angenommen der Klient visualisiert einen eindrucksvollen Baum. Der Therapeut fordert ihn auf, diesen möglichst genau zu beschreiben, und fragt ihn, was er für Gefühle und Empfindungen bei seinem Anblick registriert. Von der Wahrnehmung seiner emotionalen Reaktionen lenkt man seine Aufmerksamkeit auf das visualisierte Objekt und erkundigt sich nach eventuellen Veränderungen, die in der Zwischenzeit bei ihm aufgetreten sind. Haben sich solche ereignet, sollten sie möglichst genau beschrieben werden, einschließlich der von ihnen hervorgerufenen emotionalen und sensorischen Resonanzen. Auch sie beschreibt er und registriert die Veränderungen in seinem Umfeld, wo er sich gerade bewegt. Auf diese Weise sind wir in der Lage, tiefgreifenden Veränderungen auf die Spur zu kommen, die sich in den Bildern der inneren Welt manifestieren. Im Verlauf der wiederholten Konfrontationen mit dem ständigen Wechsel der inneren Eindrücke baut sich nach und nach ein Sinnzusammenhang auf, der manchmal den Charakter einer Geschichte annimmt. So kann es geschehen, dass sich aus einer statischen Sequenz von Impressionen eine dynamische Konfiguration von Eindrücken entfaltet, in denen eine Problematik bewältigt wird. In diesem Fall setzt man beim Einstieg in den Prozess eine Zielvorgabe. Der Therapeut suggeriert, dass sich beim Kontakt mit der inneren Welt ein Prozess entwickelt, in dessen Verlauf die Störung sich auflöst. Bei der therapeutischen Arbeit hat die explizit formulierte Zielsetzung die Funktion, den unbewussten Selbstheilungskräften einen Anstoß zu geben, die in eine Richtung führen, die zur Bewältigung der Problematik führt. Bereits im Vorgespräch, wenn der Klient gebeten wird, sein Therapieziel zu formulieren und zu sagen, warum er überhaupt gekommen ist, setzt er eine Zielvorgabe, die zur Aktivierung von Faktoren im Unbewussten führt, welche dem Imaginationsprozess eine spezifische Form geben.

Dies löst im Unbewussten einen Selektionsprozess aus, bei dem aus der großen Mannigfaltigkeit der wirkenden Kräfte die zielführenden ausgewählt werden. Dies bedeutet nicht eine detaillierte Festlegung des gesamten späteren Ablaufs. In den folgenden Phasen greifen die Interventionen des Therapeuten und die Aktivitäten des Bewusstseins des Klienten strukturierend ein und beeinflussen den weiteren Verlauf in unterschiedlichem Ausmaß. Mit der bewussten Festlegung der Zielsetzung findet eine Einflussnahme auf das Unbewusste statt, deren einzelne Merkmale dem Bewusstsein verborgen bleiben. Sie zeigt sich in der besonderen Art der Bilder, die sich in dem Ablauf des Veränderungsprozesses entfalten. Wandert der Klient durch seine innere Welt, erhält er vom Therapeuten die Anweisung, sich umzusehen und ein Wesen wahrzunehmen, das ihn von jetzt an auf seiner Reise begleiten wird. Es kann sehr verschiedene Funktionen erfüllen.

Manchmal repräsentiert es die innere Weisheit, die höhere geistige Führung, welche den Klienten inspiriert und ihm tiefere Einsichten vermittelt. Es kann auch sein, dass es als Beschützer fungiert und bedrohliche Gestalten aus den inneren Räumen abwehrt. Oft ist es ein Helfer, der auftaucht, um spezifische Probleme zu lösen. Bei der Behandlung von Krankheiten übernimmt er die Funktion eines Heilers. In anderen Fällen haben wir es mit archetypischen Gestalten zu tun, welche über Wissen, Kenntnisse und Fähigkeiten verfügen, die häufig den Stand des Wissens und der Fähigkeiten des Ich übertreffen.

Bei Phantasiereisen arbeitet man meist mit stereotypen Figuren, die der Therapeut vorgibt, wie z. B. der alte Weise oder die weise Frau, deren Erscheinungsweise und Verhalten im Detail vorgegeben werden. Solche Vorgaben haben oft Erfolg, wenn der Empfänger solcher Suggestionen alles, was ihm gesagt wird, in entsprechende innere Bilder umsetzt. Manchmal sträubt er sich gegen die Übernahme solcher Suggestionen und produziert abweichende Phantasien. Das Unbewusste fühlt sich unter Druck gesetzt und verweigert die Zusammenarbeit, indem es die Suggestionen nicht in die beabsichtigten inneren Erfahrungen umsetzt. Um seine Kooperationsfähigkeit zu fördern, ist es hilfreich, es ihm zu überlassen, welche Gestalt der Helfer annimmt. Es gibt eine Reihe möglicher Erscheinungsweisen dieser Wesenheiten. Damit vermittelt man dem Unbewussten, dass verschiedene Erscheinungsformen der inneren Helfer auftauchen können und dafür keine starre Norm existiert, die ein für alle Mal die Bilder in ihrem Inhalt festlegt. Um die Vielfalt möglicher Erfahrungen von vorneherein dem Bewusstsein des Klienten nahe zu bringen, eignet sich folgende Suggestion:

„Gleich wird dir ein innerer Helfer erscheinen, der dir hilft, dein Problem zu lösen bzw. deine Krankheit zu heilen.
Er kann in unterschiedlicher Form erscheinen.
Vielleicht in menschlicher Gestalt, als Mann, Frau oder Kind,
als Tier,
als Pflanze
oder ein Ding, das geistige Eigenschaften besitzt,

als ein Geistwesen,
als ein mythologisches Geschöpf,
als ein Lichtwesen
oder als eine gestaltlose Präsenz, deren Gegenwart lediglich gefühlt wird.
In welcher Gestalt der Helfer auch immer erscheinen mag, ist gleichgültig.
Jede Erscheinungsform ist eine angemessene Manifestierung der inneren Kräfte."

Nennt man verschiedene Alternativen, vermeidet man den Eindruck einer Manipulation des Probanden. Damit wehrt man eine Einengung seines Freiheitsspielraums ab. Dies erhöht die Bereitschaft für seine Mitarbeit und reduziert den inneren Widerstand.

Wenn die Gestalt des Helfers erscheint, sollte man ihn begrüßen und ihn fragen, ob er in der Lage bzw. bereit ist, das Problem zu lösen oder die Krankheit zu heilen. Dabei ist es hilfreich, das Problem konkret zu benennen. Sagt der Helfer, dass er dazu in der Lage ist, fragt man ihn, ob er sofort mit der Arbeit beginnen kann. Teilt er dem Probanden mit, dass er bereit ist, die erwünschte Hilfe zu gewähren, fragt man ihn, ob er sofort mit seiner Arbeit beginnen möchte. Wenn er diese Frage bejaht, bittet man ihn, gleich anzufangen. Sagt er nein, fragt man ihn, was vorher getan werden muss, um erfolgreich die Problematik zu bewältigen. Manchmal muss der Proband bestimmte Voraussetzungen erfüllen, wie z. B. besondere Lebensgewohnheiten ändern oder spezifische Übungen machen. Gelegentlich kommt es auch vor, dass der Helfer alleine nichts ausrichten kann. In einem solchen Fall ruft der Therapeut so viele weitere Helfer herbei, wie zur Bewältigung der Aufgabe erforderlich sind. Verneint er die Möglichkeit einer Hilfeleistung, bedankt man sich trotzdem bei ihm und sucht sich einen oder mehrere andere Helfer. Ihnen gegenüber verhält man sich auf die gleiche Weise, wie man es mit dem ersten Helfer getan hat. Auch sie begrüßt man und stellt ihnen die gleichen Fragen.

Der Fragenkatalog lässt sich erweitern, indem man nach den Ursachen der Beschwerden fragt oder detaillierte Informationen über das therapeutische Vorgehen zu erhalten sucht. Auf solche Fragen antworten die archetypischen Wesen oft überhaupt nicht oder ihre Antworten sind so rätselhaft, dass sie nicht zu einer Klärung beitragen. Bittet man sie mit dem Veränderungs- oder Heilungsprozess zu beginnen, treten häufig Sofortreaktionen im Körper oder in der Psyche auf, die darauf hinweisen, dass etwas im Organismus in Gang gekommen ist. Manchmal handelt es sich dabei um ein Kribbeln im erkrankten Organ, um einen Strom von Wärme oder um Empfindungen von Kälte. Auch Gefühle von unterschiedlicher Art treten bei der Bearbeitung psychischer Störungen auf. Es lassen sich keine festen Regeln über die Art der emotionalen Reaktionen in der Therapie aufstellen. Manchmal spüren die Betroffenen sehr schnell ein Abflauen innerer Spannungen. Es besteht aber auch die Möglichkeit einer zeitweiligen Verschlechterung der Symptome, die dann schnell oder langsam abgebaut werden, bis sie endgültig verschwunden sind. Einzelheiten des Veränderungsprozesses entgehen dabei der bewussten Aufmerksamkeit. Es ist etwas geschehen, ohne dass das Bewusstsein weiß, was sich im Einzelnen ereignet hat. Irgendetwas hat sich im Unbewussten ereignet, das den Heilungsprozess in Gang setzt und weiterhin steuert. In solchen Fällen ist es bedeutungslos, nach weiteren Informationen zu suchen, welche Aufschlüsse über die Details der unbewussten Prozesse geben, welche zur Problemlösung oder zur Heilung der Störung führen. Solche Einsichten sind meist überflüssig und treten deshalb auch nicht auf.

In vielen Fällen entwickelt sich eine Sequenz von Bildern, welche den Veränderungsprozess zum Ausdruck bringen, die aber symbolischen Charakter besitzen. Mit diesem Prozess geht eine Veränderung einher, der schließlich zur Erreichung des gesetzten Ziels führt. Manchmal ist bereits, während die Bilder sich entwickeln, eine Wandlung in der Symptomatik erkennbar.

Angenommen es geht darum, chronische körperliche Schmerzen zu überwinden. Während die bildhaften Symbole sich manifestieren, verändern sich die Schmerzempfindungen. Es kann sein, dass der Schmerz für kurze Zeit stärker wird, um dann immer schwächer zu werden und schließlich zu verschwinden. Manchmal verwandelt er sich in eine andere Empfindungsmodalität, die angenehmer ist, zum

Beispiel strömende Wärme. Dieser Vorgang entspringt einer Konfrontation mit einer Maßnahme, die während der Veränderung von Bestandteilen in der imaginierten Szene ergriffen wird. Der Proband befindet sich innerhalb einer Welt von Bildern, die er durchwandert. Das eigene Ich erscheint als eine Person mit einem Körper, die sich in seiner Welt aufhält und mit Objekten und Wesen konfrontiert ist, mit denen es interagiert. Diese Wechselwirkung besteht in sehr unterschiedlichen Aktivitäten. Dazu gehören Gespräche, durch die der Proband Informationen erhält, die seine Problematik betreffen. Auch Hinweise über ihre Ursachen und Anweisungen, die der Proband ausführen muss, um Erfolg zu haben, werden von den Wesen gegeben. Manchmal handelt es sich um imaginierte Verhaltensweisen, wie z. B. das Betreten einer Höhle, das Trinken aus einer Quelle oder das Schwimmen in einem See. Es kann auch der Fall eintreten, dass der Proband Ratschläge empfängt, wie er künftig sein Leben gestalten soll. Es kann auch sein, dass die vorgeschlagenen Veränderungen im Leben erfüllt sein müssen, bevor die inneren Helfer in Aktion treten.

Eine Frau, die ihren Heiler fragte, ob er ihren Tinnitus heilen könnte, bekam zur Antwort, dass dies zwar möglich sei, sie aber vorher ihr Kontrollbedürfnis aufgeben müsse. In einem anderen Fall empfahl der Heiler dem Patienten, dass seine Heilung gefördert würde durch ein stärkeres Engagement für seine Familie. Solche Forderungen werden manchmal gestellt, sind jedoch nicht die Regel. In den meisten Fällen reagiert das Unbewusste sehr schnell auf die Wünsche der Betroffenen und diese spüren, dass Prozesse in ihnen in Gang gesetzt wurden, auch wenn sich diese nicht immer genau beschreiben lassen. Bei körperlichen Störungen machen sich die Veränderungen an den Stellen des Körpers bemerkbar, wo sie angesiedelt sind.

Eine Frau, die unter einem Reizdarmsyndrom litt, visualisierte einen Baum als ihren Helfer. Sie nahm Kontakt mit ihm auf und verschmolz mit ihm. Sie hatte das Gefühl mit ihm eins zu sein, verwurzelt mit den Kräften der Erde, die durch die Wurzeln zu ihr aufstiegen und verbunden mit Kräften des Himmels, die durch die Blätter und Äste in sie hineinströmten. Auf die Frage, ob er den Reizdarm heilen könnte, antwortete der Baum mit „ja". Nachdem die Patientin ihn gebeten hatte, sofort mit der Heilung zu beginnen, hatte sie den Eindruck als würden Zweige und deren Blätter den Darm sanft streicheln. Sie hatte das Gefühl, als ob in ihr etwas „in Gang" gekommen sei, das sich aber einer genaueren Beschreibung entzog. Danach besserten sich ihre Beschwerden. Es blieb jedoch nicht bei einer rein symptombezogenen Maßnahme. Weiterführende Interaktionen mit dem Helfer förderten Hinweise auf zwischenmenschliche Probleme als Bedienung der Beschwerden zu Tage. Als sie den Baum fragte, was in ihrem Leben zu den Symptomen führte, erschien sofort ihre Mutter auf der Bildfläche. Ihr war unmittelbar verständlich, dass Konflikte mit ihr einen Grund für die Entwicklung der Symptomatik darstellten. Als sie ihren Helfer bat, sie bei der Überwindung der alten Konflikte zu unterstützen, spürte sie, dass etwas geschah, ohne in der Lage zu sein, es genauer zu bestimmen. Die helfenden Mächte griffen ein und veränderten auf der unbewussten Ebene seelische Prozesse, die etwas mit den gesundheitlichen Schwierigkeiten zu tun hatten und die gleichzeitig die Beziehung zu ihrer Mutter prägten. Weitere Fragen nach zusätzlichen Bedingungen führten zur Aufdeckung von Gedankenmustern, welche sowohl am Zustandekommen der Reizdarmbeschwerden beteiligt waren als auch für andere Probleme in der Lebensgeschichte die Verantwortung trugen. Es handelte sich um Aufforderungen, welche die Klientin selber an sich richtete und mit denen sie sich selbst zu Aktivitäten antrieb, die sie überforderten. Das therapeutische Gespräch identifizierte diese Imperative als die fünf Antreiber der Transaktionsanalyse:

1. Sei perfekt
2. Streng dich an
3. Beeil dich
4. Sei gefällig
5. Sei stark

Der Therapeut las der Klientin lediglich die Liste der Antreiber vor und fragte den Helfer, welcher von ihnen ihr Verhalten bestimmt. Der Baum gab sofort Antwort und so gelang es mit seiner Hilfe, das Profil derjenigen motivierenden Kräfte im Unbewussten herauszuarbeiten, mit denen die Klientin sich im Leben selbst unter Druck setzte. In einem nächsten Schritt wurde der Baum gebeten, die Antreiber in Symbole umzuwandeln, was auch unverzüglich geschah. So erschien der Antreiber „sei perfekt" als eine arrogante elegante Dame und der Antreiber „sei stark" als muskelbepackter Bodybuilder. Die weitere Bearbeitung dieser Muster erfolgte über den Kontakt mit dem Helfer. Als die Patientin ihm gegenüber den Wunsch äußerte, die Antreiber so zu modifizieren, dass sie positive Aspekte erhalten und die negativen eliminiert werden sollten, änderten sich unverzüglich die Bilder. Die arrogante feine Dame verwandelte sich in eine Frau, die alle Attribute verlor, die auf Überheblichkeit und das Streben nach Perfektion hinwiesen. Sie stellte sich nun als menschliches Wesen dar, das alle Attribute verloren hatte, welche die negativen Aspekte des Antreibers symbolisierten. Der Bodybuilder verlor seine übertriebenen Muskelpakete und verwandelte sich in einen normalen, starken Mann, ohne die exzessiven Merkmale der Männlichkeit.

Mit dieser Modifikation der Symbole fand eine Veränderung des Erlebens statt. Der innere Druck und die Anspannung, die sich aus den Forderungen der Antreiber ergaben, verschwanden oder wurden auf ein erträgliches Maß reduziert. Damit entwickelte sich eine stärkere innere Ruhe, verbunden mit einer Reduktion der Angst. Eine weitere Intervention zielte auf den Abbau der belastenden Glaubenssätze ab. Nachdem der innere Helfer gebeten wurde, dafür zu sorgen, dass die Antreiber ihre Macht verlieren, reagierte der Körper der Patientin mit ausgeprägtem Zittern, und sie hatte den Eindruck, dass etwas Belastendes ihren Körper verließ. Danach fühlte sie sich gelöster und freier. Dieses Beispiel verdeutlicht die verschiedenen Aspekte und unterschiedlichen Ebenen der Interventionen und der autonomen Prozesse. Die von Unbewusstem gesteuerten Abläufe, die sich unabhängig vom Bewusstsein vollziehen, erhalten aber immer wieder Impulse vom bewussten Denken, die ihm eine bestimmte Richtung geben, die den therapeutischen Prozess vorantreiben. Der erste Schritt ist eine Suggestion, die den Heiler auftauchen lässt. Sie motiviert das Unbewusste, eine Imagination zu produzieren, deren Rolle das bewusste Denken festgelegt hat, nämlich ein Heiler zu sein. Seine konkrete Erscheinungsform, der Baum, ist das Ergebnis unbewusster Vorgänge, die sich ohne bewusste Steuerung spontan vollziehen. Vom Standpunkt des Bewusstseins ist es nicht erkennbar, warum der Heiler die Form eines Baumes annimmt. Der nächste Schritt besteht in der Kontaktaufnahme mit der Wesenheit, welche die Form der Verschmelzung annimmt. Diese Erfahrung ergibt sich spontan, ohne durch entsprechende Suggestionen ausgelöst worden zu sein. Die Empfindung, im Kontakt mit den Kräften der Erde und des Himmels zu stehen, ist eine spontane, vom Unbewussten hervorgebrachte Erfahrung. Die bewusst gegebene Suggestion zur Heilung des Reizdarmes bestimmt die Richtung der unbewussten Aktivitäten, dass sie auf Heilung ausgerichtet sind. Die Art und Weise, wie es diese Zielsetzung realisiert, entspringt seiner inneren, autonomen Dynamik und keiner bewussten Strategie. Um die Beschränkung auf eine reine Symptombeseitigung zu verhindern und auch die lebensgeschichtlichen Hintergründe zu berücksichtigen, richtet die bewusste Suggestion die Aufmerksamkeit auf Faktoren in der Lebensgeschichte der Patientin. Spontan taucht das Bild der Mutter auf, welche ein spezifisches Muster zwischenmenschlicher Beziehungen repräsentiert, das zur Entstehung belastender somatischer Reaktionen geführt hat. Gleichzeitig wird deutlich, in welcher Form diese Mutterbeziehung sich auch auf bestimmte Verhaltensweisen in den zwischenmenschlichen Beziehungen auswirkt. Auch hier verläuft ein Teil des Prozesses auf der unbewussten Ebene, während wichtige Aspekte im unbewussten Bereich verharren. Damit ist ein aufdeckendes Moment in dem gesamten Prozess einbezogen. Die Klientin bittet den Baum, seine Kraft einzusetzen, um ihr zu helfen, das Mutterproblem zu bearbeiten. Ohne bewusste Einsicht in die im Unbewussten ablaufenden Prozesse vollzieht sich eine Neuorientierung des Verhältnisses zur Mutter, was sich später in einer Verbesserung der Beziehung zu ihr manifestiert. In der Imagination erscheinen Hinweise auf den Bereich des Problems, jedoch keine detaillierten Informationen auf die Veränderungen, die zu seiner konstruktiven Bewältigung führten. Zum Bereich der Aufdeckung gehört auch das Bewusstwerden der Antreiber. Wichtige Aspekte des Seelenlebens, welche in Beziehung zur somatischen Störung stehen, die aber auch für psychologische Probleme verantwortlich sind, die neben dem Reizdarm bestehen, tauchen im Bewusstsein auf. Das Unbewusste modifiziert sie auf eine Weise, die ihre positiven Aspekte bestehen lässt, aber die destruktiven Bestandteile beseitigt. Bei allen Interventionen spielt die Wahrnehmung der Gefühle eine wichtige Rolle. Wenn sich die Aufmerksamkeit auf einen Gegenstand oder ein Ereignis richtet, empfiehlt es sich zu fragen: „Was fühlst du, wenn du X siehst?" Der Rückgriff auf die Gefühlsreaktion lässt erkennen, welche Bedeutung mit dem Wahrnehmungsinhalt verbunden ist. Tritt beispielsweise Angst auf, so weist diese auf eine Einschätzung der Situation als bedrohlich hin. Die Thematisierung des Gefühls intensiviert auch den gegenständlichen Wahrnehmungsinhalt. Wenn die Aufmerksamkeit hin und her pendelt zwischen der Wahrnehmung der inneren Bilder und den ihnen zugeordneten Gefühlen, nimmt die innere Beteiligung an der imaginativen Wirklichkeit zu.

Fragen sind das wichtigste Instrument auf diesem inneren Weg. Sie erfüllen unterschiedliche Funktionen in der Entwicklung des Imaginationsprozesses. Sie führen neue Elemente in den visualisierten Kontext ein. Dies gilt vor allem für den Helfer, der die grundlegende Funktion der inneren Weisheit, des geistigen Führers, des Heilers usw. erfüllt. Normalerweise wird er durch einfache Suggestionen aktiviert:

„Blicken Sie um sich, gleich wird ein Wesen auftauchen, das Sie führen wird, und das in der Lage ist, Ihre Probleme zu lösen, Ihre Krankheit zu heilen …"

Diese Formulierung stellt eine Behauptung dar, dass ein Wesen mit einer bestimmten Funktion erscheinen wird. Danach schließt sich die Frage an:

„Was nehmen Sie wahr?"

Es ist hilfreich, den Ausdruck „wahrnehmen" zu verwenden anstatt „sehen". Eine Suggestion wie „Was sehen Sie?" unterstellt, dass der Helfer als eine optisch wahrnehmbare Gestalt in Erscheinung tritt. Dies ist keineswegs immer der Fall. Zwar erscheint er häufig als Entität, die der Klient als ein Wesen mit optisch wahrnehmbaren Eigenschaften sehen kann, es gibt jedoch auch andere Möglichkeiten. Er kann sich als Stimme offenbaren, als ein Komplex von Gefühlen oder Körperempfindungen oder als gestaltlose Präsenz, die lediglich in der Form einer unsichtbaren Anwesenheit in Erscheinung tritt. Die Formulierung „Was nehmen Sie wahr?" lässt verschiedenartige Erscheinungsweisen des Helfers zu, während die sprachliche Form „Was sehen Sie?" andere Sinneseindrücke als die visuellen ausschließt, was zur Einschränkung der Bandbreite führt.

So kann es geschehen, dass der Proband den Eindruck hat, dass der Versuch, mit dem Helfer in Kontakt zu treten, gescheitert ist, weil er kein Wesen optisch wahrnehmen kann und andere Wahrnehmungsmöglichkeiten definitiv ausgeschlossen werden. Nimmt er eine solche Wesenheit wahr, bittet man ihn, sie möglichst genau zu beschreiben. Der erste Schritt der Kontaktaufnahme besteht in der Begrüßung des Wesens durch den Klienten. Man verhält sich gegenüber den Bewohnern der inneren Welt nicht anders als gegenüber denjenigen der äußeren Welt, in der wir mit unserem normalen Alltagsbewusstsein leben und handeln. Es ist wichtig, sie mit der gleichen Höflichkeit zu behandeln wie die Kommunikationspartner in unserem Alltagsleben. Die Wesen, welche die inneren Räume bewohnen, agieren wie selbstständige Personen mit einem eigenen Bewusstsein, die Wert auf eine höfliche Behandlung legen. Grobe und unhöfliche Umgangsformen beleidigen sie und veranlassen sie, sich zurückzuziehen und die Mitarbeit aufzukündigen. So kann es geschehen, dass ein Wesen, dem der Proband durch sein Verhalten vor den Kopf gestoßen hat, überhaupt nicht mehr erscheint oder sich weigert, auf seine Wünsche noch weiter einzugehen. Die Beziehungen zwischen seinem Ich und den Identitätszuständen gleicht denjenigen zwischen den Mitgliedern von sozialen Gruppen. Die Entitäten, die wir als Teilpersönlichkeiten betrachten, erscheinen wie eigenständige Personen mit einem separaten Bewusstsein, die sich nicht beliebig manipulieren lassen.

Das zentrale Ich des Probanden nimmt in der inneren Welt die Gestalt einer eigenständigen Person an, die einen Körper besitzt und gegenüber den anderen Persönlichkeitsanteilen wie ein selbstständiges Wesen agiert. Wir nehmen uns in der imaginierten Welt als eine Person wahr, die einen Körper mit spezifischen Eigenschaften besitzt, Kleidung trägt und sich wie ein Bewohner der materiellen Welt benimmt. Dabei ist es möglich, dass seine Gestalt mit seinen Merkmalen Veränderungen unterliegt und er sich auf eine Weise verhält, die erheblich von dem abweichen, was in der sogenannten objektiven Realität als „normal" gilt. In der Welt der inneren Bilder verlieren die Naturgesetze und die logischen Prinzipien ihre Gültigkeit. Auch das Ich des Probanden unterliegt manchmal einer starken Veränderung. Unter Umständen besitzt es Eigenschaften, die in der Welt der Alltagserfahrung unmöglich sind. Er ist zu Handlungen fähig, die in der sogenannten Realität unmöglich sind, wie z. B. zu fliegen oder durch Wände zu gehen. Die Eigenschaften, welche Wesen und Objekte der inneren Reiche besitzen, einschließlich des eigenen Ichs, das dort als eine bestimmte Gestalt auftritt, erscheinen auf eine Weise, welche bestimmte Bedeutungen widerspiegeln. So kommt beispielsweise im Wetter, das in der inneren Landschaft herrscht, die allgemeine Stimmungslage zum Ausdruck. Eine Welt eingehüllt in Dunkelheit, erfüllt von Nebel kann auf eine Depression hinweisen. Geht die Person auf einem Weg, der plötzlich aufhört oder durch ein Hindernis blockiert ist, so verweist das unter Umständen auf Hindernisse, die sich ihr auf ihrem realen Lebensweg entgegenstellen. Nimmt sie sich als ein Wesen wahr, das klein und schwach ist und übermächtigen Gewalten gegenübersteht, so kann dies ein Hinweis auf ein Selbstbild sein, das geprägt ist von der Vorstellung der eigenen Schwäche und Bedeutungslosigkeit. Ein solcher Mensch nimmt sich als schwach und hilflos wahr, ausgeliefert an bedrohliche Kräfte der Umwelt, die er nicht kontrollieren oder abwehren kann. Erfahrungen des Alltagslebens setzt das Unbewusste in Bilder mit Eigenschaften um, welche die Bedeutung bestimmter Ereignisse des Alltagslebens wiedergeben. Diese nicht unbedingt eindeutig, meist sind sie von einer Vieldeutigkeit, die eine einfache Deutung unmöglich macht.

Begegnet der Proband irgendwelchen Hindernissen, so fordert ihn der Therapeut auf, nach Möglichkeiten zu suchen, sie zu überwinden. Suggestionen wie:

„Blicken Sie um sich. Können Sie einen Weg erkennen, das Hindernis zu überwinden?"

Dies sind geeignete Auswege, aus der Sackgasse zu finden. Manchmal führen Vorschläge, die der Therapeut macht, weiter. Dabei soll es sich nicht um Befehle handeln, die der Proband unbedingt ausführen soll, sondern um verschiedene alternative Lösungen, die er als Vorschläge präsentiert bekommt, von denen er eine auswählen kann, aber nicht unbedingt muss. In einer scheinbar aussichtslosen Situation, in der eine Sackgasse die weiteren Aktivitäten des Probanden völlig blockiert, besteht immer noch die Möglichkeit, seine inneren Wesenheiten bzw. seine Helfer um eine Lösung zu bitten. Damit wird eine Intervention vorgenommen, welche Veränderungen im Ablauf des Szenarios initiiert, die sich ggf. in der Überwindung der realen Problematik äußert.

Wenn am Anfang der Veränderungsarbeit die innere Landschaft und der Helfer erscheinen, der Kontakt mit ihnen hergestellt wurde und er seine Bereitschaft zur Hilfe erklärte, stellt sich die Frage, ob er sofort intervenieren möchte oder ob sein Eingreifen sich in einem längeren Prozess manifestiert. Eine sofortige Intervention besteht darin, dass er eine Handlung durchführt, die unmittelbar zum angestrebten Ziel führt. Möglicherweise entwickelt sich eine innere Reise in einer Reihe von Szenen, in denen nacheinander verschiedene Maßnahmen die Lösung herbeiführen. Ein Beispiel für die erste Alternative ist die oben geschilderte Behandlung des Reizdarms. Manchmal findet eine positive Veränderung statt, ohne dass eine Maßnahme, die zu ihr führte, in symbolischer Form dem Bewusstsein erscheint. Der Klient weiß, dass etwas geschieht oder geschehen ist, ohne in der Lage zu sein, es genauer zu bestimmen. Häufig vollzieht sich der Veränderungsprozess in einer Folge von Szenen, die manchmal die Form einer Reise annehmen.

Die Reise ist ein archetypisches Motiv, das in vielen Mythen und Märchen eine wichtige Rolle spielt. Man kann den Helfer bitten, den Klienten auf eine Reise zu begleiten, in deren Verlauf er eine Reihe von

Maßnahmen zur Lösung des Problems ergreift. Im Fall der Klientin mit dem Reizdarm spielte das Motiv der Reise keine Rolle. In anderen Fällen kann es zu kürzeren oder längeren Folgen von Bildern kommen, in denen der Klient von einem Ort zum anderen wandert bzw. befördert wird, wo er mit unterschiedlichen Einflüssen in Verbindung tritt. In diesen unterschiedlichen Erfahrungen spiegeln sich verschiedene Phasen der Problemlösung wider. Während er seine Erfahrungen dem Therapeuten mitteilt, hat dieser die Möglichkeit, auf verschiedene Weise zu intervenieren. Jede Reise ist einmalig. Obgleich bestimmte Motive immer wiederkehren, ist deren Kombination von Fall zu Fall verschieden.

Eine Form der Intervention besteht in der Lenkung der Aufmerksamkeit. Auf diese Weise rücken relevante Details in den Mittelpunkt des Bewusstseinsfelds und wichtige Tendenzen der Veränderung werden thematisiert. Es gibt verschiedene Möglichkeiten der Wandlung, die unterschiedliche Bedeutungen besitzen. So verändert sich beispielsweise während der Reise die Landschaft. Vielleicht wanderte der Klient zuerst durch einen dunklen Wald, der ihm Angst einjagte. Dann gelangte er auf eine Wiese mit blühenden Blumen, die im Glanz der Sonne leuchtete. Eine solche Veränderung weist unter Umständen auf eine Aufhellung der Stimmung hin. Dies ist jedoch nur eine Möglichkeit unter vielen. Man muss sich darüber im Klaren sein, dass eine schematische Deutung der Symbole und Bilder höchst problematisch ist. Die Bedeutung einzelner Bildelemente bzw. die Beschaffenheit des ganzen Bildes hängt von sehr verschiedenen Faktoren ab. Dazu gehören die situationsübergreifende Struktur der Persönlichkeit, ihre augenblickliche Verfassung, die herrschende Stimmung oder Ähnliches. Manche Gegebenheiten der inneren Welt besitzen eine Bedeutung, die verankert ist in der Kultur, an der der Klient partizipiert. So symbolisiert die Rose in unserer Kultur die Liebe. Taucht sie während der Reise auf, so kann sie diese Bedeutung haben und auf den Aspekt der Liebe im Kontext der Problematik des Klienten verweisen. Darüber hinaus wird diese kollektive Bedeutung immer überformt von individuellen Bedeutungsnuancen, die aus seiner eigenen Biographie stammen und nicht unbedingt viel mit dem überpersönlichen Sinn zu tun haben. Es ist nicht zwangsläufig notwendig, diese Sinneszusammenhänge bewusst zu verstehen. Allein aufgrund der Tatsache, dass sie im Rahmen des symbolischen Kontextes an dieser Stelle auftreten, entfalten sie eine bestimmte Wirkung, die zur Bewältigung der Problematik beiträgt. Wenn irgendwelche neuen Bildelemente auftauchen, ist es hilfreich nach den Gefühlen zu fragen, die der Klient ihnen entgegenbringt. Der Therapeut stellt dann Fragen wie „Was fühlst Du, wenn Du X wahrnimmst?" oder „Was empfindest Du in Deinem Körper, wenn Du X wahrnimmst?". Beschreibt der Klient seine Gefühle und Empfindungen, lenkt der Fragende dessen Aufmerksamkeit auf die Wahrnehmungsinhalte. Manchmal verändern sie sich, wenn Gefühle und Empfindungen thematisiert werden. In diesem Zusammenhang sind auch Fragen nach Veränderung der Symptomatik interessant. Angenommen es ist das Ziel, bestimmte körperliche Symptome zum Verschwinden zu bringen. Fragt der Therapeut nach deren Veränderung, werden bestimmte Bilder, Gefühle und Empfindungen auftauchen. So treten manchmal deutliche Modifikationen der Symptomatik in Erscheinung, die auf einen Veränderungsprozess hinweisen. Vielleicht empfindet der Klient strömende Wärme oder ein Kribbeln an dem betroffenen Körperteil, oder die Symptome erfahren eine deutliche Reduktion. Solche Veränderungen stellen häufig deutliche Hinweise auf die Aktivität der Selbstheilungskräfte dar. Auch das Auftreten neuer Wesen ist charakteristisch für die weitere Entwicklung des Prozesses, der Heilung bzw. der Lösung der Problematik.

Bedrohliche Inhalte aus dem Unbewussten manifestieren sich manchmal in Gestalt gefährlicher, aggressiver Monster. Meist ist deren Erscheinung mit Angst verbunden, die sich unter Umständen bis zur Panikattacke steigert. Der Therapeut fordert in diesem Fall den Klienten auf, seine Helfer zu rufen und sie um seinen Schutz zu bitten. Angesichts solch massiver Drohungen aus dem Unbewussten kann es geschehen, dass die Wesenheit, die Schutz gewährleisten soll, die Flucht ergreift und nicht mehr zur Verfügung steht. Der Klient sollte in einem solchen Fall einen oder mehrere stärkere Helfer herbeirufen. Sie sollen zugegen sein, wenn die Konfrontation mit den angsterregenden Wesenheiten stattfindet. Der Klient sollte es vermeiden, einer solchen Auseinandersetzung aus dem Wege zu gehen, sondern sie sogar suchen. Gerade sie stellt eine wichtige Phase auf dem Weg zur Bewältigung der Problematik dar. Hinter den angsterregenden Gestalten verbergen sich psychische Inhalte, welche wesentliche Komponenten der Schwierigkeit ausmachen. Da während der Reise nach innen immer neue Aspekte des Problems auftauchen, dringen allmählich immer häufiger neue angsterregende psychische Regungen ins Bewusstsein vor. Es wäre ein großer Fehler, sich nicht dieser Angst zu stellen, sondern mit ausweichendem Verhalten zu reagieren, in dem sie durch Suggestionen aus dem Bewusstsein ausgeschlossen werden. Nur durch die Auseinandersetzung mit der Angst ist es möglich, die mit ihr verbundene Problematik zu überwinden. Die Anwesenheit des Helfers sorgt für eine Reduktion des belastenden Gefühls, auch wenn er nichts unternimmt, um sie abzuweisen. Seine Hilfe besteht dann in der Vermittlung des Gefühls der Sicherheit. Es gibt verschiedene Möglichkeiten, sich mit der Verkörperung der Angst auseinanderzusetzen. Um ihre Funktion im Leben des Betroffenen herauszufinden, kann man in einen Dialog mit den Wesen eintreten. Der Klient stellt ihnen Fragen wie „Was machst Du in meinem Leben?", „Welche Funktionen hast Du?", „Was ist dein Ziel?". Manchmal antworten die Wesen und teilen dem Probanden mit, welche Ziele sie mit ihren Aktivitäten verfolgen. Häufig verweigern sie die Mitarbeit und geben keine Antwort. Angesichts dieser mangelnden Kooperationsbereitschaft ist ein Dialog dennoch nicht völlig aussichtslos. Manchmal zeigen die Teilpersönlichkeiten in Form von Bildern oder Abfolgen von Visualisierungen, welche Bedeutungen ihnen zukommen. Misslingt der Kontakt mit ihnen, so bleibt immer noch die Unterstützung durch den Helfer als Ausweg. Wenn man ihn fragt, welche Funktion der bedrohlichen Wesenheit zukommt, so gibt er oft Antworten, welche Klarheit verschaffen. Häufig stellt sich heraus, dass sich hinter dem Gefühl der Bedrohung eine positive Absicht verbirgt, die dieser psychische Anteil auf eine negative Weise realisiert. Gelingt es, die konstruktive Zielsetzung bewusst zu machen, ist es manchmal hilfreich, die Wesenheiten zu überreden, ihr Verhalten auf eine Weise zu modifizieren, welche die negativen Auswirkungen eliminiert. Es ist wichtig, sich vor Augen zu führen, dass

Komponenten, die sich als Belastung präsentieren, durchaus konstruktive Wirkungen entfalten, die der Aufmerksamkeit normalerweise entgehen.

Es gibt auch andere Formen der Intervention, positive Veränderungen herbeizuführen. Betrachtet der Klient die angsterregende Wesenheit aufmerksam, ohne sie zu bewerten, so macht sie früher oder später einen Wandlungsprozess durch, wobei sie meistens ihren Charakter verliert und zunehmend ihre positiven Merkmale hervorkehrt. Kein mentaler Inhalt bleibt unverändert, wenn sich das Licht des Bewusstseins auf ihn richtet. Dieses Verhalten eignet sich gut, belastende emotionale Zustände zu überwinden, ohne sie zu vergegenständlichen. Taucht ein Gefühl der Angst auf, so weist der Therapeut den Klienten an, seine Aufmerksamkeit darauf zu richten. Er soll es beobachten, ohne es zu interpretieren oder es zu bewerten. Wenn ihm dies gelingt, verändert es sich bzw. löst es sich auf. Manchmal tritt eine andere Emotion an seine Stelle, die dann ebenfalls einer distanzierten Beobachtung unterworfen wird, bis an die Stelle der emotionalen Regung eine innere Stille getreten ist.

Auf der Reise in die inneren Welten ist das Auftreten von Hindernissen unvermeidlich. Sie repräsentieren Blockaden und innere Konflikte, die sich in psychischen und psychosomatischen Symptomen sowie anderen Schwierigkeiten manifestieren. Jede Vermeidung der Konfrontation mit ihnen verhindert ihre Bewältigung. Nicht nur als Gefühle treten Blockaden in Erscheinung, sondern auch als diffuse Spannung und Druck im Körper oder als Störungen im Gedankenablauf. In solchen Fällen ist ihre Transformation in wahrnehmbare Wesenheiten ein Mittel, um eine direkte Kommunikation mit diesen Aspekten der Persönlichkeit herbeizuführen. Auf diese Weise gelingt es, Veränderungsprozesse in Gang zu setzen, welche zur Umstrukturierung der Persönlichkeit führen. Dadurch verändert sich auch der Charakter der Reise. Diese Wandlung schlägt sich in mannigfaltigen Veränderungen der inneren Szenerie nieder. Die Landschaft wandelt sich, neue Wesenheiten tauchen auf, mit denen der Klient auf eine Weise kommuniziert und die ggf. einen Indikator darstellen für die Auflösung innerer Spannungen und Konflikte. Körperliche Symptome bessern sich oder verschwinden. Neue Perspektiven des Denkens, Fühlens und Handelns treten an die Stelle festgefahrener Muster. Dabei ist die Art der inneren Veränderung der Selbstwahrnehmung entzogen. Nur ihre Auswirkung im Bewusstsein ist dem Individuum zugänglich.

Neben den autonom erfolgenden Veränderungen, die sich aus der inneren Dynamik des inneren Unbewussten ergeben, die durch die anfängliche Zielsetzung initiiert wurde, resultieren auch Wandlungsprozesse durch bewusste Intentionen, die das Ich im Kontext der inneren Landschaft vornimmt. Solche Eingriffe sind auf mancherlei Weise möglich. Manchmal steht das imaginierte Ich vor der Wahl zwischen verschiedenen Alternativen. Je nach Art der Wahl verändern sich die Landschaft und die Wesen, die in ihr erscheinen. So gelangt das Ich auf seinem Weg möglicherweise an einen Ort, wo er sich gabelt und das Ich vor der Wahl steht, nach links oder nach rechts zu gehen. Je nachdem wie die Entscheidung ausfällt, entwickeln sich unterschiedliche Formen der Veränderung innerhalb der Psyche, die sich im Denken, Fühlen und Verhalten äußern. Es gibt noch zahlreiche andere Möglichkeiten der Einwirkung auf die Gegebenheiten der inneren Welt, die Konsequenzen im Alltagsleben haben. Die inneren Szenarien entwickeln sich nicht unbedingt zwangsläufig nach einem bestimmten festgelegten Schema. Neben dem Determinismus, der sich aus der psychischen Problematik und der Struktur der Persönlichkeit ergibt, existieren Veränderungen und entfalten sich Muster, die sich durch spontane Aktivitäten des Bewusstseins ergeben. Sind sie einmal gesetzt, entfalten sich neue Strukturen, die ihre eigenen Formen innerer Determiniertheit besitzen. Es ist die Art der Stellungnahme des Ichs, welche die weitere Entwicklung der inneren Welt bestimmt. Flieht es bspw. vor einer aggressiv auftretenden Wesenheit, so vergrößert sich meistens seine Angst und das bedrohlich aussehende Wesen nimmt überdimensionale Formen an, die sich unter Umständen in massiven emotionalen Reaktionen manifestieren. In dem Maße, in dem das angstregende Wesen an Größe zunimmt, wächst auch die Angst. Wird es durch irgendeine Maßnahme verkleinert, nimmt die Furcht ab. Auch die Veränderung einzelner Merkmale wie Form und Farbe hat Einfluss auf die emotionale Wertigkeit der Gestalt. Je nach Modifikation bestimmter Eigenschaften entwickeln sich unterschiedliche Gefühle. Die Beeinflussung kann von dem Probanden ausgehen. Manchmal ist er in der Lage, eine Veränderung der Wesenheit gezielt herbeizuführen. Häufig scheitern auch alle Versuche einer Einflussnahme und die Entität entwickelt sich gemäß ihrer inneren Tendenzen. Dann besteht die Möglichkeit den Helfer zu bitten, es auch auf eine Weise zu modifizieren, dass keine Gefahr mehr von ihm ausgeht. Gelingt es nicht, den Helfer zu überreden einzugreifen, so kann der Proband andere Wesenheiten herbeirufen, die fähig und bereit sind, die gewünschten Maßnahmen zu ergreifen. Dabei braucht er nicht zu wissen, worin die Einflussnahme besteht. Es reicht aus, den Helfer zu bitten, alles zu unternehmen, das seinem Wohlergehen und seiner Zufriedenheit dient. Dabei verlässt man sich darauf, dass das Unbewusste genau weiß, was zu tun ist, um die erwünschte Wirkung zu erzielen. Vom Probanden geht lediglich ein Impuls in Form einer Bitte aus, den ein Anteil der Psyche aufgreift und in einen Veränderungsprozess umsetzt, dessen Form das Unbewusste bestimmt. Jede Handlung, mit der das Ich in der inneren Welt der Bilder auf einzelne Komponenten einwirkt, hat Auswirkungen auf seine Befindlichkeit. Ihre Art und ihr Ausmaß hängen von den Bestandteilen ab, auf die sich das Handeln richtet. Auch die räumliche Distanz spielt bei der Intensität der Gefühlsreaktion eine Rolle. Ein Wesen, das Angst auslöst und unmittelbar vor dem Probanden steht, übt einen geringeren Einfluss aus, je weiter er von ihm entfernt ist. Je größer die Distanz, desto geringer die Angst. In manchen Fällen repräsentiert der räumliche Abstand einer Figur ihre psychologische Bedeutsamkeit. Es handelt sich dabei aber nicht um eine allgemeingültige Gesetzmäßigkeit. Manchmal hat die Entfernung keine besondere Bedeutung. In anderen Fällen führt eine Intervention, die dem Abbau belastender Gefühle dient, zur Vergrößerung des räumlichen Abstands. Die Vergrößerung der Entfernung der in Frage kommenden Wesenheit impliziert eine Reduzierung der Angstreaktion, die sie auslöst. Wie sich die Veränderung einzelner Komponenten der inneren Szenerie auswirkt, hängt von deren Konfiguration, den vorangegangenen Entwicklungen und der mit ihr verbundenen Zielsetzung ab. Auch das Ausmaß ihrer Bedeutung für die Problematik, die es zu bewältigen gilt, spielt eine wichtige Rolle. Manche Bestandteile des visualisierten Szenarios stellen lediglich untergeordnete Komponenten der inneren Bühne dar, die lediglich zu ihrer Ausstattung gehören, ohne eine wichtige Funktion innezuhaben. Sie dienen lediglich der Herstellung einer möglichst geschlossenen Szenerie, in der sich das Geschehen im Wechsel der Situationen entwickelt. Andere repräsentieren zentrale Aspekte der Problematik, gleichgültig ob es sich um psychische oder psychosomatische Störungen handelt. Folgendes Beispiel illustriert den Fall, in welchem der Widerstand einen zentralen Aspekt der grundlegenden Problematik eines Klienten widerspiegelt.

Nach Induktion der Trance führte der Therapeut die Klientin in ihre innere Welt. Sie gelangte in ein kleines dunkles Zimmer, in dem sie keine Gegenstände erkennen konnte. Sie wusste aber, dass sich außerhalb der Wände eine Landschaft befand, die sie gerne betreten hätte. Als der Therapeut sie aufforderte, die Tür zu suchen, um das Zimmer zu verlassen, antwortete sie, dass sie in der Lage sei, durch die Wände in die dahinterliegende Außenwelt zu gehen. Als sie es versuchte, blieb sie in der Wand stecken und war nicht in der Lage, die Landschaft zu betreten. Gleichzeitig fühlte sie eine starke Abneigung, in das dunkle Zimmer zurückzukehren. Ungeachtet der Sehnsucht nach der offenen Landschaft empfand sie Angst vor deren Grenzenlosigkeit. Auf die Frage, was sie in der Wand festhielt, sagte sie, dass es sich um eine unsichtbare Kraft handelte, die allen Versuchen, aus der Wand zu gehen, Widerstand entgegensetzte. Auf die Frage, welche Form diese Kraft besitzt, visualisierte die Klientin eine Qualle, die sie in der Wand festhielt. Der Therapeut forderte sie auf, einen inneren Dialog mit ihr zu beginnen und sie nach Ursache und Ziel ihrer Aktivitäten zu fragen. Die Qualle erklärte, sie sei schon immer da gewesen und wusste nicht, woher sie stammte. Auch über ihre Absichten und Zielsetzungen konnte sie keine genauen Angaben machen. Sie empfand ihre Funktion als ganz natürlich, ohne damit besondere Zielsetzungen zu verbinden. Die Klientin hatte jedoch den Eindruck, die Qualle wolle sie beschützen. Auch das dunkle Zimmer diente ihrem Schutz. Diese Erfahrung besaß einen ausgesprochen ambivalenten Charakter. Einerseits fühlte sie sich durch den dunklen Raum beschützt, andererseits frustrierten sie die

Finsternis und die Geschlossenheit in ihrem Bedürfnis nach Klarheit und Freiheit, welche durch die weite, helle Landschaft repräsentiert wurde. Da ihr Freiheitsdrang überwog, entschied sie sich, die Wand zu verlassen und die dahinterliegenden Regionen zu durchwandern. Da sie zu diesem Schritt alleine nicht im Stande war, rief sie eigene Helfer und bat sie, auf die Qualle einzuwirken, um sie freizugeben. Als Helfer tauchten kleine blaue Flammen auf, die durch die Luft flogen. Sie reagierten sofort auf ihre Bitte. Die Qualle schrumpfte ein und verschwand. Die Wand gab die Klientin frei, die dann durch einen grenzenlosen Raum flog, in dem sie keine konkreten Gegenstände erkennen konnte. Allmählich bewegte sie sich nach unten. Eine Landschaft mit deutlich erkennbaren Konturen tauchte auf und sie landete mit den Füßen auf dem Boden, mit dem Gefühl, geerdet zu sein.

Diese Sequenz von Bildern repräsentierte sowohl eine wichtige Problematik in ihrem Leben als auch ihre Lösung. Das dunkle Zimmer, die Gefangenschaft in der Wand stellen ihre Lebensumstände in ihrer Herkunftsfamilie dar. Ein Muster von Vorschriften und Glaubenssätzen engten ihre freie Entfaltung ein, sorgten aber gleichzeitig auch für einen gewissen Schutz. So waren positive und negative Aspekte in ihrem Leben unauflöslich miteinander verbunden. Jenseits der engen Grenzen, die durch die Lebensumstände der Herkunftsfamilie gezogen waren, lockte die grenzenlose Weite des Lebens. Einerseits verhieß sie eine verlockende Freiheit von Beschränkungen, andererseits rief sie Angst vor Unsicherheit und Ungewissheit hervor. Die einengenden Lebensbedingungen bildeten die Grundlage für eine mentale Struktur von Gedankenmustern, die auf die Verhältnisse im Leben der Person einen einengenden Einfluss ausübten und ihrem Denken, Fühlen und Verhalten Grenzen setzten, welche sie als belastend erlebte. Das dunkle Zimmer mit seinen Wänden repräsentierte die mentalen Muster, an denen sie festhielt und die einen destruktiven Einfluss auf ihr Leben ausübten. Die offene Weite des grenzenlosen Raumes stellte dagegen die Freiheit von diesen einschränkenden Strukturen dar und symbolisierte die Möglichkeit, zwischen verschiedenen Alternativen zu wählen und unterschiedliche Richtungen der Entwicklung einzuschlagen. Ihr negativer Aspekt zeigt sich in der Sehnsucht nach der Weite jenseits des Zimmers. Die Kräfte, welche die Klientin an diese Muster binden, machen sich bemerkbar in der Unfähigkeit, aus der Wand in die dahinterliegende Landschaft zu gelangen. Die Empfindung, bewegungslos festzusitzen, entspringt der mangelnden Bereitschaft, die Bindungen an die kognitiven Muster zu lösen und vertraute Fixierungen an spezifische Lebensverhältnisse aufzugeben. Mit der Anrufung der inneren Weisheit und der Bitte an sie um Hilfe greift die Klientin auf ein Potential zurück, dass bereit und fähig ist, den Status quo der alten Lebensbedingungen aufzulösen und in die Freiheit zu gehen. Das Ich der Klientin allein war dazu nicht in der Lage, denn für sie stellten das Zimmer und die Wände ein Sicherungssystem dar, das gleichzeitig Angst vor den potentiellen Bedrohungen der offenen Weite bildete.

Die innere Weisheit ist fähig, die Chancen einer grundlegenden Veränderung richtig einzuschätzen. Gleichzeitig besitzt sie die Kraft, die Blockaden zu überwinden. Der erste Schritt der Befreiung führt in die Leere, wo keine Bindungen existieren. Ein solches Schweben im Nichts bietet jedoch keine Basis für das Leben. Es kann nur gelingen, wenn die Person mit beiden Beinen auf festem Boden steht und die Freiheit verbunden ist mit Bindung. In dieser Bildsequenz wird in symbolischer Form der Prozess der Befreiung wiedergegeben. Gleichzeitig erlebt die Klientin einen inneren Wandlungsprozess, in dem sie sich leichter und freier fühlt. Manche Hindernisse sind eher punktueller Natur und ergeben sich aus der Konfrontation mit spezifischen Inhalten. Eine plötzlich auftauchende Angst entspringt möglicherweise einer Erinnerung an eine traumatische Situation aus der Kindheit. Sie wird vielleicht nicht in ihrer ursprünglichen Form erinnert, sondern sie tritt als diffuses Gefühl, als unklare Körperempfindung in Erscheinung oder manifestiert sich als hässliches Ungeheuer, das den Probanden am Weitergehen hindert. Hier haben wir es nicht mit der Darstellung einer komplexen Lebenssituation zu tun, sondern mit einem begrenzten inneren Impuls. Dieser ist möglicherweise in situationsübergreifenden Strukturen verankert oder stellt lediglich eine Reaktion auf eine Handlung des Probanden dar. Vielleicht hat er sich beleidigend gegenüber einem Wesen verhalten oder überschritt eine Grenze, die ihm verboten war.

Hindernisse manifestieren sich manchmal in Form von Dunkelheit oder Nebelschwaden, die den Blick auf eine Welt von Wesen und Gegenständen verhindern. In solchen Fällen haben wir es normalerweise mit Abwehrmechanismen zu tun, welche die Wahrnehmung und Erkenntnis angsterregender Gegebenheiten und Zusammenhänge verhindern. Hier kommt es zur Blockade der Einsicht in die seelischen Hintergründe der vorhandenen Problematik. Manchmal nimmt sie radikale Formen an, in dem es nicht einmal zum Aufbau der inneren Bühne kommt. Oft bleibt es bei der Entwicklung diffuser, farbiger Wolken, die sich in ungeordneten Bewegungen befinden. Manchmal bleibt es aber eben nicht dabei, sondern es kommt allmählich zum Auskristallisieren von Strukturen, die sich nach und nach zu Objekten gestalten, die Bestandteile einer inneren Welt bilden. Solche Wandlungen sind manchmal das Ergebnis einer weiteren Vertiefung der Trance. Es kommt auch vor, dass es nicht zum Aufbau eines solchen Szenarios kommt, sondern einzelne Wesen wie die innere Weisheit sich manifestieren. Manchmal werden sie lediglich als gestaltlose Präsenz wahrgenommen – mit diesen Wesen ist jedoch eine Kommunikation möglich und sie erfüllen ihre Funktion als Helfer voll und ganz.

Es wäre verfehlt, die Unfähigkeit innere Bilder zu entwickeln immer als das Ergebnis von Abwehrmechanismen zu interpretieren. Es ist durchaus möglich, dass aus konstitutionellen Gründen die Fähigkeit zu visualisieren unterentwickelt ist. Stehen optische Bilder nicht zur Verfügung, erfüllen alle Repräsentationssysteme die gleichen Aufgaben. Töne, inneres Sprechen, Gefühle und Körperempfindungen sind ebenfalls geeignet, unbewusste Prozesse zu repräsentieren und Veränderungen zu aktivieren.

Eine Frau, die unter Migräne litt, war nicht in der Lage, in Trance Bilder zu visualisieren. Sie konnte aber Worte hören, die aus dem Unbewussten in ihr Bewusstsein drangen. Mit Hilfe der Arbeit mit diesen verbalen Eindrücken konnte sie in kurzer Zeit ihre Migräne überwinden. Manchmal besteht die Möglichkeit, durch gezielte Suggestionen die Erzeugung innerer Bilder in Gang zu bringen. Gibt man Suggestionsformen wie:

„Vor Ihrem geistigen Auge formen sich Bilder,
die immer klarer und deutlicher werden,
mit jedem Atemzug werden sie immer deutlicher ...“

formieren sich als Reaktion visuelle Inhalte. Gelegentlich kommt es vor, dass sich visuelle Eindrücke spontan entwickeln, wenn Wahrnehmungen an seinem inneren Sinneskanal ausführlich beschrieben werden. Folgendes Beispiel soll diesen Vorgang illustrieren.

Eine Frau wurde aufgefordert, ein Haus und die in ihm vorhandenen Räume zu visualisieren. Sie konnte aber keine Bilder sehen, und so beschrieb sie die Einrichtungen des Wohnzimmers anhand ihrer Körperempfindungen. Indem sie diese beschrieb, entwickelte sie Vorstellungen von der Beschaffenheit der Möbel. Nachdem sie damit eine Weile fortgefahren war, tauchten spontan optische Eindrücke auf. Plötzlich war sie fähig, das Wohnzimmer und die in ihm vorhandenen Möbel klar und deutlich zu sehen und zu beschreiben. Der Dialog zwischen Therapeut und Klient diente somit dem Zweck, dessen Wahrnehmung und Verhalten bis zu einem gewissen Grad zu steuern und die Eindrücke zu intensivieren. Die während des Prozesses auftretenden Widerstände haben unterschiedliche Ursachen. Verhinderungsmotive entspringen teilweise dem Wirken von Abwehrmechanismen, die belastende psychische Inhalte vom Bewusstsein fernhalten. Darüber hinaus stellen sie die Folgen innerer Konflikte dar. So kann eine Person, die in der Imagination auftritt, eine innere Tendenz zum Ausdruck bringen, während eine Gegebenheit, die gegen sie gerichtet ist, einen gegenläufigen Trend repräsentiert. Angenommen der Klient nimmt eine Frau wahr, die er sehr anziehend findet. Er versucht, mit ihr Kontakt aufzunehmen, scheitert aber, weil sich ihm ein Hindernis in den Weg stellt, das unterschiedliche Formen annehmen kann, wie z. B. eine Mauer, eine Dornenhecke, ein Bach oder ein Wesen, das alle weiteren Annäherungsversuche unterbindet. Auf diese Weise bringt das Unbewusste erotische Neigungen und die Abwehr gegen sie in einem Bild zum Ausdruck. Was das Hindernis zu bedeuten hat, lässt sich erkennen, wenn man es nach seiner Funktion bzw. Zielsetzung fragt. Manchmal antwortet es direkt oder es tauchen Bilder auf, aus denen sich seine Bedeutung erschließen lässt. Die auftretenden Hindernisse sind sehr häufig nicht auf den Ablauf des inneren Szenarios beschränkt, sondern repräsentieren Kräfte, die im Leben eine wichtige Rolle spielen. Oft treten sie dort als Blockaden in Erscheinung, welche die Betroffenen an der Errichtung wichtiger Ziele hindern oder alle Versuche, sie zu erreichen, zumindest erschweren. Es ist wichtig, sich mit den Bildern, die sie repräsentieren, auseinanderzusetzen. Jeder Versuch, sie zu eliminieren, ist meist von vornherein zum Scheitern verurteilt, weil sie allen Bemühungen, sie zum Verschwinden zu bringen, Widerstände entgegensetzen. Fragwürdig ist ein solches Vorgehen auch deshalb, weil durch ihre Elimination auch nützliche Funktionen, die sie im Leben erfüllen, beseitigt werden. Zielführender ist es, sie in einem Gespräch davon zu überzeugen, ihre Aktivitäten dahingehend zu verändern, dass sie alles unterlassen, was zu Leidensdruck führt. Manchmal gelingt es auch, sie dazu zu bringen, sich auf ihre positiven Aktivitäten zu beschränken. Alle Versuche, die struktive Gestalt zu ausschließlich positiven Aktivitäten zu bewegen, bleiben jedoch teilweise erfolglos. Sie weigert sich, ihre Störmanöver aufzugeben, oder reagiert überhaupt nicht auf die Überzeugungsarbeit. Dies kann verschiedene Gründe haben. Manchmal handelt es sich um psychische Anteile mit eingeschränkten Funktionen, die über keine Verhaltensalternativen verfügen. So können sie Informationen enthalten, welche sie auf ihre Funktionsweise festlegen. In solchen Fällen führt das Eingreifen der inneren Weisheit oder eines anderen Helfers weiter. Wenn man sie um Hilfe bittet, sie mögen auf die Wesenheit einwirken, damit diese ihr Verhalten ändert und ihren Widerstand aufgibt, kann es zur Entwicklung positiver Veränderungen kommen. Dabei sind Suggestionen hilfreich wie:

„Ich bitte dich, wirke auf dieses Wesen ein, dass es sich auf eine Weise verhält, die mein Wohlbefinden und meine Zufriedenheit fördert."

Dabei ist es nicht notwendig zu wissen, worin diese Intervention besteht. Häufig tritt eine Veränderung in der Symptomatik auf, ohne dass die Wandlungsprozesse ins Bewusstsein gelangen. Hinderungs-motive treten manchmal gleich am Anfang der Herstellung des Kontakts mit der inneren Welt auf. So geschieht es, dass überhaupt keine Bilder in Erscheinung treten, sondern nur eine schwarze Leere. Farbige Schlieren oder geometrische Formen bewegen sich vor dem geistigen Auge, ohne konkrete Formen anzunehmen. Gelegentlich kommt es vor, dass ein Zugang in Gestalt eines Tors auftritt, hinter dem sich eine gestaltlose Leere manifestiert. Zusätzliche Suggestionen bringen manchmal konkrete Formen zum Auftauchen. Folgende Suggestionen können dabei hilfreich sein:

„Blicken Sie in die Finsternis.
Gleich werden Formen auftauchen und das Bild einer Landschaft annehmen.
Was nehmen Sie wahr?"

„Mit jedem Atemzug vertiefen sich Entspannung und Ruhe und Bilder treten immer deutlicher hervor."

Eine Klientin erblickte ein Tor und dahinter eine dunkle Leere. Nachdem der Therapeut sie aufgefordert hatte, durch dieses Tor zu gehen, und er ihr Suggestionen gab, mit dem Ziel der Vertiefung von Entspannung und Ruhe, sah sie einen Baum und darunter eine Bank, auf die sie sich setzte. Wenn nur ein schwarzer leerer Raum auftaucht, lässt der Therapeut das Bewusstsein des Klienten in diese Leere hineingehen, verbunden mit der Suggestion:

„Blicken Sie um sich.
Vielleicht nehmen Sie in der Dunkelheit irgendetwas wahr."

Häufig registriert er dann irgendwelche Impressionen wie helle Schlieren, Lichtpunkte und geometrische Figuren. Der Therapeut weist ihn an, seine Aufmerksamkeit auf diese Eindrücke zu richten, ohne sie zu beurteilen oder zu bewerten. Häufig verändern sie sich dann und neue Impressionen tauchen auf, die sich manchmal zu komplexen Szenen formen.

Tauchen gestaltlose Farbwolken auf, die in ständiger Bewegung sind und die ihre Farben permanent verändern, gibt man dem Klienten den Auftrag, sein Bewusstsein in das Farbenspiel hineinfließen zu lassen. Manchmal beobachten wir dabei eine Veränderung der Gefühle und die Entwicklung von Formen, die sich zu kompletten Landschaften und Orten entfalten. Mit diesen lässt sich dann auf die normale Weise weiterarbeiten. Auch ohne das Auftauchen einer inneren Welt besteht dennoch die Möglichkeit, dass sich ein Helfer manifestiert. So kann er als sichtbare Gestalt in der Leere auftauchen oder sich als Stimme bzw. als ein Komplex von Gefühlen und Körperempfindungen manifestieren. Häufig registriert ihn der Proband als gestaltlose Präsenz, mit der jedoch die gleiche Kommunikation möglich ist wie mit sichtbaren Gestalten. Man kann mit der unsichtbaren Präsenz sprechen, sie etwas fragen und um etwas bitten, und man erhält Antworten. Diese können auf unterschiedliche Weise gegeben werden. Manchmal antwortet sie in klaren verständlichen Worten oder sie reagiert mit Gedanken, Gefühlen und spontan auftauchenden Bildern, die für den Klienten verständlich sind. Der therapeutische Prozess nimmt dann nicht die Form einer Reise an, sondern entwickelt sich als Dialog, in dem der Helfer auf Fragen des Klienten antwortet, ihm Anweisungen erteilt, was er in seinem Leben ändern soll, oder er greift unmittelbar in die Dynamik des Unbewussten ein, was eine unmittelbare Veränderung zur Folge hat. Möglich ist auch, dass zunächst nichts geschieht und erst nach einer kürzeren oder längeren Zeitspanne sich der therapeutische Effekt bemerkbar macht. Zur Überraschung des Klienten bleibt die angestrebte Wirkung zunächst aus und es tritt eine Verschlimmerung der Symptomatik ein, die aber schließlich verschwindet. An ihre Stelle tritt eine Besserung bzw. Auflösung der Symptome. Meist sind die Gründe dafür nicht erkennbar. Keine weiteren Interventionen sind erforderlich, um die Verschlimmerung rückgängig zu machen. Nicht immer begibt sich der Klient auf eine Reise, die aus einem Wechsel der Szene besteht. Er bleibt in einer Situation, in der all das geschieht, was für die Erzielung therapeutischer Wirkungen erforderlich ist. Dabei visualisiert der Proband nur wenige Objekte und Wesenheiten, und es wird auch nur wenig gehandelt. Dennoch können sich daraus weitreichende Wirkungen ergeben. Eine Frau, die unter Colitis Ulcerosa litt, traf in ihrer inneren Welt einen Heiler. Beide setzten sich auf eine Bank, wobei er ihr Ratschläge für eine gesunde Lebensführung erteilte. Weiterhin geschah nichts. Das Wenige, was die Klientin visualisierte, reichte aus für eine Verbesserung ihrer Krankheit. Welche weiteren Maßnahmen der innere Heiler noch ergriff, ließ sich aus den Bildern nicht ableiten.

Das Ausmaß der therapeutischen Wirkung hängt nicht vom Umfang und der Dauer der Visualisierungen ab!

Es gibt Fälle, in denen ein Strom von Bildern zu keinem befriedigenden Ergebnis führte. Der Proband visualisiert grandiose Bilder ohne therapeutische Relevanz. Sie verhindern einen Therapieeffekt, da sie im Dienste der Abwehr stehen und dafür sorgen, dass ein Kontakt und eine Auseinandersetzung mit den pathogenen psychischen Inhalten vermieden werden. Wundervolle Landschaften breiten sich vor dem geistigen Auge des Klienten aus, eindrucksvolle Begegnungen mit interessanten Wesen finden statt, aber nichts bewegt sich. Die Schwierigkeiten, mit denen er zu kämpfen hat, bleiben bestehen und keine Tendenz zur Änderung macht sich bemerkbar.

Auch die Fixierung auf eine Szene, in der nichts Wesentliches geschieht, weist manchmal auf eine Stagnation des therapeutischen Prozesses hin. Der Einstieg in die Trance bringt nur wenig oder überhaupt nichts in Bewegung. Der Klient scheint im Status quo seiner belastenden Muster festzusitzen. Auf die Frage, was geschehe, sagt er „nichts". Auch bei einer solchen Blockade ist die Situation nicht völlig hoffnungslos. Dem Therapeuten stehen einige Wege offen, den Prozess zu aktivieren. Einen Ausweg stellt in manchen Fällen eine weitere Vertiefung der Trance dar. Hilfreich ist dabei die Vorgabe weiterer tieferer Ebenen der Versenkung. Suggeriert der Therapeut den sukzessiven Übergang von einem dieser Bereiche zum anderen, vertieft sich der hypnotische Zustand und parallel dazu kommt die Visualisierung in Fluss. Es kann sein, dass neue Bilder von anderen Situationen auftauchen, was die Konfrontation mit anderen Inhalten der Psyche ermöglicht. Auch die bewertungsfreie Beobachtung einzelner Elemente der stagnierenden Situation bringt manchmal Bewegung in das Bild. Wenn die Aufmerksamkeit für kürzere oder längere Zeit auf eine Gegebenheit innerhalb der imaginierten gerichtet bleibt, ohne den Wunsch, sie zu verändern, und ohne sie zu interpretieren oder zu bewerten, treten früher oder später Veränderungen auf und der ganze Komplex der Impressionen gerät in Bewegung. Fordert man den Klienten in der Situation, in der er sich befindet, dazu auf, nach neuen Komponenten zu suchen, so bedeutet deren Entdeckung manchmal einen Anstoß zur Erweckung neuer Muster.

Fand die Begegnung mit einem Helfer statt, so ist es unter Umständen hilfreich, ihn zu bitten, für die Weiterführung des Transformationsprozesses zu sorgen. Die bewertungsfreie Betrachtung von Komponenten der Szenerie der inneren Welt erlaubt die Überwindung belastender Gefühle. Gelingt es, eine Wesenheit, die Angst hervorruft, lediglich zu beobachten, ohne irgendeine Zielsetzung damit zu verbinden, hat dies ihre Veränderung zur Folge, welche zur Auflösung der Angstreaktion führt. Die bewertungsfreie Beobachtung ist das Ergebnis einer Intervention des Therapeuten, der den Klienten auffordert, das, was ihm begegnet, lediglich achtsam zu registrieren. Auf diese Weise wirkt er auf spontan auftretende Tendenzen in ihm ein, welche als Störfaktoren den therapeutischen Prozesses verhindern. Die spontan auftretende Reaktion des Klienten auf die Konfrontation mit angsterregenden Erscheinungen ist Flucht oder Vermeidung. Taucht bspw. ein Wesen auf, das Angst hervorruft, neigt er dazu, in seiner inneren Welt die Flucht zu ergreifen oder aggressiv zu reagieren. Damit verhindert er nicht die bewusste Auseinandersetzung mit abgewehrten, seelischen Impulsen, sondern versucht sie durch die symbolischen Aktivitäten von Flucht oder Kampf aus dem Bewusstsein fernzuhalten. Auch Verhaltensweisen, welche Vermeidung auf eine metaphorische Weise ausdrücken, verfolgen den gleichen Zweck. Vermeidungsverhalten manifestiert sich in der inneren Welt häufig in Form von Angst, einen spezifischen Weg einzuschlagen oder einen bestimmten Ort zu betreten.

Gesetzt den Fall, dass der Klient einen Weg entlanggeht, von dem aus ein anderer Pfad abzweigt. Während der Hauptweg ohne Hindernisse und gut beleuchtet ist und ein bequemes Wandern erlaubt, ist der abzweigende Weg dunkel, holprig und voller Hindernisse. Der Wanderer empfindet Angst und eine Abneigung, ihm zu folgen, und möchte auf der bequemen Straße weitergehen. In diesem Fall ist es angebracht ihm nahezulegen, dem dunklen, angsterregenden Weg zu folgen und die Eindrücke zu registrieren, die dabei auftreten. Auf diese Weise wird der Klient genötigt, sich seinen Ängsten und Schwierigkeiten zu stellen und sich mit ihnen auseinanderzusetzen. Auch wenn diese Auseinandersetzung in symbolischer Form erfolgt und er Dinge wahrnimmt, deren Bedeutung sein Bewusstsein nicht versteht, findet dennoch eine Verarbeitung auf der unbewussten Ebene statt, welche sich in der Besserung der Symptomatik äußert. Bei starker Angst und erheblichen Widerständen ist es wichtig, einen Helfer zu rufen, der bei großen Schwierigkeiten eingreift und einen Beitrag zu ihrer Überwindung leistet. Das Ausmaß der Hilfe, die angebracht ist, variiert dabei von Situation zu Situation. Verfügt der Proband über nötige Ressourcen, sollte ihm der größte Teil der Arbeit überlassen bleiben. Steht er dem Hindernis hilflos gegenüber und ist die Situation festgefahren, so dass er keinen Beitrag leisten kann, eine positive Veränderung herbeizuführen, ist es sinnvoll, dass er den Helfer bittet, alles zu tun, um den Prozess wieder in Fluss zu bringen. Dies ist bspw. indiziert, wenn ein Wesen sich weigert, sein destruktives Verhalten zu ändern. Der Proband kann den Helfer bitten, so auf es einzuwirken, dass sich weitere konstruktive Veränderungen ergeben. In ähnlicher Weise ist es angemessen, dass der Helfer die Initiative übernimmt, wenn sich auf der Reise Hindernisse in den Weg stellen, die der Proband aus eigener Kraft nicht zu überwinden vermag. Angesichts solcher Blockaden greift der Helfer ein und eröffnet Wege, die weiterführen. Auch hier ist es wichtig, dass der Klient zunächst aktiv nach Möglichkeiten suchen sollte. Steht er bspw. vor einer Mauer, die den Weg versperrt, sollte er nach verborgenen Zugängen zu den blockierten Bereichen suchen, wie Lücken im Mauerwerk, verborgenen Eingängen oder Ähnlichem. Ein gewaltsames Vorgehen, wie z. B. der Einsatz von Sprengstoff, ist zu vermeiden, da dies zu unerwünschten psychischen Reaktionen wie Angstzuständen führen kann. Auch magische Methoden, welche die

Hindernisse gewissermaßen wegzaubern, sind fragwürdig, da dies unrealistisch ist und kein adäquates Symbol für angemessene Bewältigungsmethoden darstellt, die dem Individuum im Alltag zur Verfügung stehen.

Wenn im Fortgang der Reise neue Gestalten auftauchen, sollte der Proband mit ihnen Kontakt aufnehmen, sie begrüßen und nach ihren Funktionen fragen:

„Wer bist du?"
„Was willst du?"
„Welche Funktion hast du?"
„Welche Botschaft hast du für mich?"

Auch sollte er seine Gefühlsreaktionen angesichts seiner neuen Entitäten registrieren. Manchmal leitet ihr Auftreten eine neue Phase des Veränderungsprozesses ein. In seinem Verlauf ergeben sich manchmal neue Aufgaben, denen der alte Helfer nicht gewachsen ist und zu deren Bewältigung er keine Ressourcen besitzt. Dabei kommt es vor, dass Helfer, die den Klienten bislang begleiteten, einfach verschwinden oder ihre mangelnde Zuständigkeit deutlich machen und sich dann zurückziehen. Neue Helfer tauchen entweder spontan auf oder erscheinen, wenn man sie ruft. In manchen Fällen begleitet ein Helfer den Probanden ein Stück seines Weges und bleibt zurück, wenn der Ort erreicht ist, wo die Heilung oder andere Interventionen stattfinden. So gelangte ein Klient zu einem Ort der Heilung, der von einem strahlenden blauen Licht erfüllt war. Als er ihn betrat, blieb der Helfer, der ihn bis dorthin begleitet hatte, zurück. Die Gründe für sein Verhalten bleiben dabei verborgen. In solchen Fällen ist es für den Therapeuten nicht wichtig, sie im Einzelnen zu erkennen. Ausschlaggebend dafür ist lediglich die Anpassung an das Geschehen, d. h. das zu tun, was die Helfer fordern bzw. erwarten oder was sich aus der Entwicklung des Szenarios ergibt. Die Helfer kommunizieren auf mannigfaltige Weise. Manchmal sprechen sie mit dem Klienten und geben Antworten auf seine Fragen. Häufig reagieren sind nicht verbal, sondern führen ihn auf einen Weg und zeigen ihm Bilder, aus denen hervorgeht, was er wissen soll. Oft übermitteln sie auch keine Informationen, sondern liefern gleich die Lösungen für die anstehenden Probleme. In den Fällen körperlicher oder seelischer Störungen setzt sofort die Heilung ein, während bei Fragen, welche die Lösung von Problemen betreffen, bestimmte Lösungsmöglichkeiten unmittelbar im Bewusstsein auftauchen. Welche Lösungsmöglichkeit realisiert wird, lässt sich nicht voraussagen.

Es gibt keine Hinweise in den inneren Bildern, auf welche Weise der Helfer auf den Wunsch nach Hilfe reagieren wird. Nicht immer überlässt der Therapeut den Wesen aus den inneren Welten die Initiative über Art und Weise des Vorgehens. In manchen Fällen greifen sie überhaupt nicht ein. Kein Wesen manifestiert sich, um den Heilungs- oder Lösungsprozess in Gang zu setzen oder zu einem positiven Abschluss zu bringen. Unter diesen Bedingungen sind Vorgaben unerlässlich. Der Therapeut suggeriert spezifische Bilder und Symbole, welche die erwünschte Wirkung hervorbringen, wobei er auf in der Tradition verankertes Material zurückgreift.

Als Symbol heilender Energie hat sich weißes Licht bewährt. In der Trance lenkt er es in den erkrankten Körperteil oder den Schmerz und suggeriert den Vorgang der Heilung bzw. das Verscheiden der Störung. Ein anderes hilfreiches Symbol ist das heilende Wasser bzw. die Quelle der Heilung. Welches Bild man wählt, hängt von der Wirkung ab, die es entfaltet. Bei Blockaden, die wichtige Zugänge sperren und die durch autonome Prozesse nicht beseitigt werden können, kann der Therapeut Vorschläge zu ihrer Überwindung machen. Verhindert bspw. ein Abgrund die Fortsetzung der Reise, fordert er den Klienten bspw. auf, nach einer Brücke zu suchen, die ein Überqueren des Hindernisses erlaubt. Andere Interventionen betreffen die Bewusstmachung der Bedeutung bestimmter Bilder. Möchte der Klient den Sinn von Bildern und Symbolen verstehen und erschließt sich dieser ihm nicht aus dem Zusammenhang der inneren Erfahrung, so ruft der Therapeut einen Helfer herbei, der sie ihm erklärt. Der Einsatz eines solchen Wesens ist nicht immer erforderlich, wenn es am Verständnis für bestimmte innere Erfahrungen mangelt. Er ist nur angebracht, wenn es eine nützliche Funktion im Ablauf der Imaginationssequenzen ergibt. Die Entschei-

dung darüber, welche gezielten Suggestionen angebracht sind, ergeben sich aus der Zielsetzung und den gegebenen visualisierten Zusammenhängen. Wenn es sich herausstellt, dass diese nicht weiterführen und das angestrebte Ziel nicht erreicht wird, greift der Therapeut
ein und gibt eine Veränderung vor, die neue Perspektiven eröffnet und
den Prozess zu einem erfolgreichen Abschluss bringt.

Arbeit mit Teilpersönlichkeiten

Ein besonders wirksames Vorgehen innerhalb der Hypnosetherapie ist die Arbeit mit Teilpersönlichkeiten. Es handelt sich um eine Reihe von Methoden, die zum Teil einen recht direktiven Charakter besitzen und die mit gezielten Suggestionen arbeiten. Die theoretische Voraussetzung, die dieser Form der therapeutischen Praxis zugrunde liegt, besteht in der Annahme, dass die Psyche ein System darstellt, das aus Pluralität von Teilsystemen besteht.

Die Einheit der Persönlichkeit ist bis zu einem gewissen Grad eine Illusion. Sie stellt vielmehr eine Mannigfaltigkeit von Teilpersönlichkeiten dar, die sich mehr oder weniger stark voneinander unterscheiden und die auf vielfältige Weise miteinander interagieren. Diese Auffassung beruht auf der Erfahrung, dass Menschen in verschiedenen Situationstypen sehr unterschiedliche Formen des Verhaltens zeigen, verbunden mit spezifischen Mustern des Denkens und Fühlens. So kann eine Person an ihrem Arbeitsplatz kühl und distanziert wirken und den Eindruck erwecken, ein unnahbarer Mensch ohne Gefühle zu sein, während sie sich in der Familie oder im Freundeskreis liebevoll verhält, Gefühle zeigt und Nähe zulässt. In verschiedenen Situationen mit verschiedenen Anforderungen dominieren verschiedene Ich-Zustände, die in sich eine stabile Struktur von Gedanken, Gefühlen und Verhaltenstendenzen besitzen. Ändern sich die Situationsbedingungen, verschwinden sie aus dem Bewusstsein und werden durch andere ersetzt, welche den neuen Verhältnissen angepasst sind und ebenfalls einen relativ konsistenten Zusammenhang von Kognitionen, Emotionen und Verhaltensweisen darstellen. Angesichts des Wandels situativer Gegebenheiten wird auch dieser Ich-Zustand durch andere Ich-Zustände ersetzt, die auf die Bewältigung neuer Situationen ausgerichtet sind. Mit ihrem Verschwinden aus dem Bewusstsein lösen sie sich nicht auf, sondern kehren in den Gedächtnisspeicher zurück, von wo sie jeder Zeit abgerufen werden können, wenn Umweltbedingungen vorliegen, die ihren Einsatz erforderlich machen. Man kann sie Ich-Zustände oder Identitäts-Zustände nennen, weil sich das Individuum mit ihnen identifiziert und sie mit dem Etikett „ich bin" ausstattet. Ihre Funktion besteht darin, bestimmte Situationen, an die sie angepasst sind, auf eine optimale Weise zu bewältigen, ohne dass dabei auf komplexe geistige Aktivitäten zurückgegriffen werden muss. Die einzelnen Identitätszustände verfügen über die notwendigen Ressourcen und Verhaltensmuster, um die Aufgaben, welche bestimmte Situationen stellen, ohne langwierige Reflexionen unmittelbar zu erfüllen. Sie stellen eingeübte Systeme von Gewohnheiten dar, welche sich in Form automatisierter Denkabläufe, Gefühlsreaktionen und Verhaltensweisen äußern. Es gibt auch Identitätszustände, die einen vorwiegend destruktiven Einfluss ausüben und außerordentlich dysfunktional sind. Sie greifen als Störfaktoren in das bewusste Leben ein und aktivieren Angst, Wut, Schuldgefühle und dysfunktionale Verhaltensweisen. Aber nicht alle Ich-Zustände besitzen einen vorwiegend destruktiven Charakter. Manche enthalten wertvolle Ressourcen, die das Individuum entweder überhaupt nicht oder nur gelegentlich nutzt und die keine oder nur eine untergeordnete Rolle unter den herrschenden Identitätszuständen spielen. Im Bewusstsein dominieren diejenigen Konfigurationen, die sich erfolgreich bei der Bewältigung der Alltagsprobleme bewährt haben. Die Leistungen, die sie erbringen, stabilisieren ihre Präsenz und erhöhen die Wahrscheinlichkeit, dass sie immer wieder auftreten, wenn sie geeignete Situationsbedingungen vorfinden. Je destruktiver solche Muster sind und je weniger sie in die Bewältigungsschemata des Individuums hineinpassen, desto geringer sind ihre Chancen, die Bühne des Bewusstseins zu betreten und das Denken, Fühlen und Handeln zu bestimmen. Nicht nur ihr belastender Charakter ist dafür verantwortlich, dass bestimmte Anteile von bewussten Aktivitäten mehr oder weniger ausgeschlossen werden. Allein die Tatsache, dass es keinen Situationstyp gibt, bei dem sie erfolgreich zum Einsatz gelangen können, reicht häufig aus, ihre Aktivitäten nachhaltig zu blockieren. Es ist durchaus möglich, dass sie in der Vergangenheit eine nützliche Funktion erfüllt haben. Mit der Veränderung der Lebensbedingungen wurden ihnen nach und nach alle Tätigkeitsbereiche entzogen, bis sie nur noch als Bewohner der inneren Räume ein mehr oder weniger isoliertes Dasein fristen und in die aktuellen Lebenssituationen nicht mehr oder nur am Rande eingreifen. Auch die Richtung, in der die Persönlichkeitsanteile wirken, kann unterschiedlich sein. Manche manifestieren sich primär im äußeren Verhalten. Andere hingegen kontrollieren die Beziehungen der Ich-Zustände zueinander. Sie sorgen dafür, dass besonders negative Gestalten völlig vom Bewusstsein ferngehalten werden oder sich nur auf eine bestimmte Weise manifestieren dürfen, die zahlreichen Einschränkungen unterliegt. Manche Anteile, die von dem dominierenden Personal der Innenwelt aufgrund ihrer destruktiven Tendenzen abgelehnt werden, sind der Person, zu denen sie gehören, durchaus bewusst. Sie tauchen gelegentlich auf, wenn die bewusste Kontrolle versagt, wie bei Stress, starken Gefühlen und dem Konsum von Alkohol und Drogen. Einige dieser Anteile repräsentieren infantile Triebtendenzen und Verhaltensweisen, denen wir uns bewusst sind und die wir durchaus als Bestandteil unseres Selbst erleben. Wir müssen sie aber kontrollieren, weil ihr Auftauchen zu peinlichen Entgleisungen führt. Sie manövrieren uns in Situationen hinein, in denen wir gegen soziale Regeln des guten Benehmens verstoßen, ins Fettnäpfchen treten und damit bei unseren Mitmenschen anecken.

Andere aktivieren Verhaltensmuster, die zu höchstnachteiligen Konsequenzen für die Person führen. Wenn sie diese Anteile wirken lässt, hat dies unter Umständen soziale Ächtung oder sogar Strafverfolgung zur Folge. Normalerweise sind wir uns solcher Teile bewusst und wissen, dass sie zu uns gehören. Es ist uns jedoch äußerst unangenehm, dies sich und gegenüber anderen einzugestehen, und wir versuchen alles, ihre Äußerung durch massive Kontrollmechanismen zu verhindern, damit sie uns nicht in Schwierigkeiten bringen. Wenn uns dies gelingt, hindern wir sie vollständig daran, das System des Verhaltens zu übernehmen, und es bleiben möglicherweise lediglich Phantasien übrig, in denen diese Anteile zum Ausdruck gelangen. Gelingt es uns aber nicht, eine solche rigide Kontrolle durchzusetzen, so werden sie sich bis zu einem gewissen Grad in dem Verhalten des Individuums äußern, was dies zwingt, ein Doppelleben zu führen. Dies geschieht gewöhnlich in der

Weise, dass ihnen ein Raum gewährt wird, der den Blicken unserer Mitmenschen entzogen ist und in dem sie sich modifiziert äußern können. Für unser Selbstwertgefühl ist das Bewusstsein von der Existenz solcher Anteile höchst unangenehm und wir haben den Eindruck, dass sie unseren persönlichen Wert herabsetzen. Nichtsdestoweniger nehmen wir diese Identitätszustände als Bestandteile der eigenen Persönlichkeit wahr. Jenseits dieser Muster existieren Teilpersönlichkeiten, die wir als so destruktiv erleben, dass wir sie heftig ablehnen und ihnen niemals den Auftritt auf der Bühne des Bewusstseins gestatten. Ihr Vorhandensein ist uns dermaßen peinlich, dass wir ihm selbst das Etikett „Ich bin" verweigern. Wir blenden sie vollständig aus unserem Bewusstsein aus, so dass wir nicht einmal wissen, dass sie existieren. Ihre Existenz wird uns meist auf eine indirekte Weise bewusst, in Form von spontanen Phantasien, Träumen, Zwangsvorstellungen. Sie erscheinen in solchen seelischen Zuständen als ich-fremde Faktoren, wie etwa als Ungeheuer in Alpträumen oder in Gedanken, Vorstellungen, die sich dem Individuum aufdrängen und die es in Angst und Schrecken versetzen. In Träumen manifestieren sie sich häufig in Form von Triebhandlungen und Aggressionen, die wir zutiefst ablehnen und die uns nicht als Bestandteile der eigenen Person erscheinen. Ihr Auftauchen führt oft zu bestimmten Formen sich selbst zu beruhigen, in dem man sie als Träume bewertet, die aber nichts mit unserem wahren Wesen zu tun haben. Die Beziehungen zwischen den Persönlichkeitsanteilen entscheiden darüber, ob die Person ein gesundes oder gestörtes Verhalten an den Tag legt. Wenn alle gemeinsame Ziele verfolgen, die für das Individuum konstruktiv und nützlich sind, neigen wir dazu, ihre Verhaltensweisen als gesund und normal einzustufen. Arbeiten sie jedoch gegeneinander, treten pathologische Symptome in Erscheinung. Strebt bspw. ein wichtiger Teil, der häufig den Raum des Bewusstseins besetzt hält, eine berufliche Karriere an, die gegen die eine starke unbewusste Teilpersönlichkeit Einwände erhebt, so sabotiert diese auf mannigfaltige Art und Weise alle Karrierebemühungen. Ein breites Spektrum von Symptomen kann sich dabei entfalten. Angefangen bei mangelhafter Lust an der Arbeit über

Depressionen bis zu körperlichen Krankheitssymptomen, welche die Berufsarbeit mehr oder weniger stark behindern oder sogar unmöglich machen, all dies kann der innere Saboteur einsetzen, um sein Ziel zu erreichen. Er erzeugt Angstzustände, depressive Verstimmungen und Zwangsvorstellungen, um sich durchzusetzen. In allen Lebensbereichen können sich solche Gegensätze zwischen verschiedenen Ich-Zuständen herausbilden, welche das Individuum bei der Verfolgung seiner Ziele behindern und seine Lebensqualität herabsetzen. In manchen Fällen behindern sie auch den Zugang zu Informationen, die der Klärung einer bestimmten Problematik dienen. Wir haben es hier mit Abwehrmechanismen zu tun, welche die Anteile einsetzen, um Gefühle und Kognitionen, die mit den Überzeugungen beherrschenden Ich-Zuständen unverträglich sind, zu blockieren, sodass diese sie nicht wahrnehmen können. Auch wichtige Ressourcen entziehen sie durch die innerseelische Abwehr der Verfügung durch die dominierenden vorwiegend bewussten Ich-Zustände. Eine wichtige Basis für die Art und Weise des Funktionierens der Teilpersönlichkeiten stellen Annahmen und Glaubenssätze dar. So wird das auf Karriere ausgerichtete innere System durch die Überzeugung geleitet „Ich muss Karriere machen", „Ich bin nur ein wertvoller Mensch, wenn ich Karriere mache". Der Opponent sieht in diesem Ziel vielleicht etwas Verwerfliches, weil er von Überzeugungen gelenkt wird, welche Erfolg negativ bewerten. Solche Bewertungen können lauten „„Wenn ich Erfolg habe, gehöre ich zu den Menschen, die andere ausnutzen", „Wenn ich Erfolg habe, wird meine Herkunftsfamilie mich verstoßen". Gedankenmuster bilden die wichtigste Leitlinie für die Aktivitäten der Teilpersönlichkeiten. Wir werden uns an einer späteren Stelle detailliert mit den Auswirkungen von Gedankenmustern und Glaubenssätzen auf das Denken, Fühlen und Handeln der Person beschäftigen. Das verwirrende Phänomen, dass Menschen in sich gegensätzliche, einander sich widersprechende Ansichten besitzen, findet in der Theorie der Teilpersönlichkeiten eine Erklärung. Angesichts innerer Konflikte, die auf der Aktivität gegensätzlicher Teilpersönlichkeiten beruhen, besteht das Therapieziel darin, sie zur Verfolgung gemeinsamer Ziele zu bewegen. Die therapeutischen Interventionen laufen darauf hinaus, in ihnen Veränderungen zu initiieren, die sie dazu veranlassen, miteinander statt gegeneinander zu arbeiten. Wenn dies gelingt, verlieren die Abwehrmechanismen ihre Macht und Einsichten und Lebenszusammenhänge sind möglich, die vorher verschlossen waren. Die Harmonisierung gegensätzlicher Anteile bringt auch einen Zuwachs an verfügbarer Energie mit sich, die bisher im Konflikt gebunden war. In der Trance ist der Kontakt mit Ich-Zuständen relativ leicht. Auf der inneren Reise begegnen sie uns in unterschiedlichen Formen. Sie können in Gestalt von Menschen, Tieren, Pflanzen, Geistwesen, mythologischen Geschöpfen, aber auch als unbelebte Gegenstände auftauchen. Manchmal erscheinen sie spontan, wenn der Proband, begleitet von seinem Helfer, seinen Weg verfolgt. Wenn irgendein Wesen in Erscheinung tritt, sollte man es begrüßen und fragen, wer es ist. Manchmal handelt es sich um einen Teil, der eine bestimmte Rolle im Ensemble der Teilpersönlichkeiten spielt. Ist ein solcher Kontakt hergestellt, schließen sich Fragen nach seinen konkreten Funktionen im Leben des Probanden an:

„Was tust du?"
„Welche Funktionen hast du in meinem Leben?"
„Welche Ziele verfolgst du?"
„Hast du etwas mit meinen Schwierigkeiten zu tun?"

Je nachdem wie seine Antworten ausfallen, wird er in die weitere Arbeit integriert. Es kann aber auch sein, dass er nichts mit der Problematik zu tun hat, die den Gegenstand der Therapie bildet. In diesem Fall brauchen wir uns nicht näher mit ihm zu beschäftigen. Die einfachste Methode, die für die Therapie wichtigen Teile zu aktivieren, besteht darin, diejenigen zu rufen, welche die Symptome hervorrufen. Gibt es einen Teil, der die Angst, das Schuldgefühl usw. auslöst oder zumindest an seiner Entstehung beteiligt ist, wartet man, bis sich das entsprechende Wesen manifestiert. Wenn es in der Wahrnehmung auftaucht, beginnt man mit der Befragung. Man fragt, ob es die Symptome hervorruft oder ob es lediglich an ihrer Herausbildung beteiligt ist. Weiterhin fragt man nach seinen Zielsetzungen und ggf. danach, wann und unter welchen Bedingungen es entstanden ist. Da häufig auch noch andere Entitäten am Zustandekommen der Problematik beteiligt sind, stellt man die Frage, ob es noch andere Teile gibt, die ebenfalls einen Beitrag an ihrer Genesis und Erhaltung leisten. Wenn es solche gibt und wenn sie in Erscheinung treten, richtet man an sie die gleichen Fragen wie an die zuerst aufgetauchte Teilpersönlichkeit. Wenn sie antworten, kristallisiert sich allmählich ein Bild heraus, das deutlich macht, welche Funktion und welche Bedeutung die Störung im Leben des Klienten hat. Daran schließt sich die therapeutische Intervention im engeren Sinne an.

Es geht dabei nicht einfach um eine Elimination der Teile, welche als Störfaktoren in Erscheinung treten. Das ist meistens nicht möglich und auch nicht wünschenswert. Häufig erfüllt die Symptomatik eine nützliche Funktion im Leben des Klienten, die er normalerweise aber nicht erkennt. Weiterhin ist die störende Teilpersönlichkeit der Träger nützlicher Ressourcen, die bei ihrer Auflösung nicht mehr zur Verfügung stünden. Das Ziel der therapeutischen Intervention besteht darin, die Teilpersönlichkeit bzw. die Gesamtheit der Anteile, welche der Problematik zugrunde liegen, zu bewegen und das positive Ziel, das sie damit verfolgen, auf anderen Wegen zu erreichen.

Wir können in den meisten Fällen davon ausgehen, dass der störende Anteil ein positives Ziel verfolgt, das dem Leben des Individuums förderlich und nützlich sein soll, aber negative Nebenwirkungen hervorruft. Weigert sich die Teilpersönlichkeit beharrlich, andere Verhaltensweisen zur Erreichung ihres Ziels in Erwägung zu ziehen, so kann dies verschiedene Gründe haben. Ein häufiger Grund besteht in ihrer Unwissenheit über mögliche Alternativen. In diesem Fall ist es möglich, einen Helfer zu rufen, der ihm die notwendigen Informationen gibt, die es ihm gestatten, neue Wege zu beschreiten. Allerdings ist dieses Vorgehen nicht immer erfolgreich. Manchmal weigern sich die pathogenen Teilpersönlichkeiten beharrlich, ihre Aktivitäten zu ändern, oder sind nicht einmal bereit zu kommunizieren, weil sie fest von der Richtigkeit ihres Tuns überzeugt sind. In solchen Fällen ist es hilfreich einen Helfer zu bitten, auf den widerspenstigen Teil einzuwirken, dass dieser sein Verhalten ändert und damit das therapeutische Ziel erreicht wird. Liegen innere Konflikte vor, so nimmt der Klient mit all den Anteilen Kontakt auf, die gegensätzliche Tendenzen verkörpern. Es handelt sich um ein Vorgehen, wie es in der Ich-Zustandstherapie zur Anwendung gelangt.

Angenommen eine Person nascht gerne Süßigkeiten und möchte damit aufhören. Sie macht jedoch die frustrierende Erfahrung, dass alle Bemühungen, auf Süßigkeiten zu verzichten, durch gegenteilige Impulse durchkreuzt werden, die immer wieder für Rückfälle sorgen. In einem solchen Fall können wir von der Existenz eines Teils ausgehen, der sich nach Süßigkeiten sehnt, während ein anderer Teil auf Verzicht drängt. Da der Pro-Teil stärker ist als der Contra-Teil, gelingt es diesem nicht, sich dauerhaft gegen die Teilpersönlichkeit durchzusetzen, die das Naschverhalten steuert.

Auf seiner Wanderung durch die innere Welt, begleitet von einem Helfer, gelangt der Klient an einen Ort und nimmt Kontakt mit dem Teil auf, der Süßigkeiten schätzt. Er bittet ihn, die Argumente vorzubringen, die ihn veranlassen, an seinem Verhalten festzuhalten. Dann wendet er seine Aufmerksamkeit einer anderen Gestalt zu, welche zum Verzicht drängt, und bittet sie, die Argumente für ihren Standpunkt vorzutragen. Danach führt er beide zusammen und bittet sie, miteinander zu diskutieren, um zu einem Kompromiss zu gelangen, den jeder Teil akzeptiert, wobei der Helfer als Moderator fungiert. Gelingt es ihnen einen Konsens zu erzielen, hört der Konflikt auf und das Verhalten des Klienten ändert sich.

Selbstverständlich sind die Kontrahenten bei inneren Konflikten nicht immer auf zwei beschränkt. Jede Seite kann mehrere Teile umfassen, die alle an der Diskussion teilnehmen. Auch hier besteht das Ziel, alle Teile zur Zusammenarbeit zu bewegen, so dass sie ihre Ressourcen auf eine Weise einsetzen, welche dem Wohl des Individuums dient. Auf diese Weise ergänzen sie sich gegenseitig und jeder liefert einen Beitrag zur Realisierung dessen, was sich die Person vorgenommen hat. Wird ihr Bewusstsein von Teilpersönlichkeiten beherrscht, die zu destruktiven Verhaltensweisen und einer Lebensführung führen, die sich negativ auf ihr Wohlbefinden auswirken, so lassen sich Identitätszustände aktivieren, die eine kompensatorische Wirkung entfalten und damit für ihr inneres Gleichgewicht sorgen.

Gesetzt den Fall ein Mensch kennt nur Arbeit und betreibt Raubbau an seinen körperlichen und seelischen Kräften. Um seine physische und psychische Gesundheit zu sichern und die verbrauchten Kräfte immer wieder zu erneuern, braucht er Teile, welche die Muße pflegen und Zugang zu Ressourcen der Erneuerung besitzen. Die Kontaktaufnahme kann auf einer Reise durch die inneren Räume geschehen. Begleitet von seinem Helfer wandert der Klient zu einem Ort, an dem er einen Identitätszustand oder mehrere Teile trifft, die in der Lage sind, die Kompensationsleistungen zu erbringen. Wenn sie diese Aufgabe erfüllen können, bittet man sie, den Platz in der inneren Welt einzunehmen, wo sie ihre Aktivitäten am effektivsten entfalten können. Die Installierung neuer Teile ist jedoch manchmal mit Problemen verbunden. Die etablierten Teilpersönlichkeiten, welche die führende Rolle spielen, wehren sich manchmal gegen solche, die bislang nicht in ihr System integriert waren und deren Aktivitäten zum Teil im Gegensatz zu ihren Funktionen stehen. In einem solchen Fall kann eine Diskussion zwischen allen Beteiligten zu einem Konsens führen, der eine Integration der neuen Teilpersönlichkeiten erlaubt und damit eine positive Verhaltensänderung gewährleistet. Es besteht auch die Möglichkeit, dass der Klient eine besondere Ressource oder Fähigkeit zur Bewältigung einer bestimmten Aufgabe benötigt, aber die Teile, die sein inneres System ausmachen, nicht darüber verfügen. Möglicherweise existiert in der inneren Welt eine solche Wesenheit, die bislang noch nicht in Erscheinung getreten ist. Der Klient kann zu einem Ort gehen und sie rufen. Gelingt dies nicht, bittet er seinen Helfer auf die Suche zu gehen. Existieren keine Teile, die benötigt werden, so besteht auch die Möglichkeit, neue Identitätszustände für besondere Zwecke zu konstruieren. Wenn der Klient entsprechende Helfer ruft und sie darum bittet, sind sie in der Lage, Identitätszustande für besondere Aufgaben zu kreieren. Manche Symptome lassen sich auf Anteile zurückführen, die in der Vergangenheit durch traumatische Erfahrungen verletzt wurden. Manchmal handelt es sich dabei um das innere Kind. Dies ist jedoch nicht zwangsläufig der Fall. Auch andere Teile des inneren Systems können durch belastende Erfahrungen beschädigt sein und das Denken, Fühlen und Verhalten negativ beeinflussen. Durch entsprechende Maßnahmen lassen sich die Schädigungen teilweise oder ganz rückgängig machen. Solche beschädigten Teile können spontan oder nach einem Suchprozess auftauchen. Dieser kann durch die Frage eingeleitet werden:

„Gibt es einen Teil, der in der Lebensgeschichte verletzt worden ist?
Wenn dies der Fall ist, möge er erscheinen!"

Wenn ein solches Wesen existiert, wird es sehr wahrscheinlich in der inneren Welt auftauchen. Es ist auch möglich, den Helfer zu bitten, den Probanden zu einem Ort zu führen, wo sich das Wesen aufhält. Ist der Kontakt hergestellt, kann man ihm verschiedene Fragen stellen, wie z. B.:

„Wann und unter welchen Bedingungen erfolgte die Verletzung?"

Weiterhin sollte die Bereitschaft zur Heilung festgestellt werden. Es ist durchaus möglich, dass die verletzte Teilpersönlichkeit es ablehnt, geheilt zu werden. Ein Grund dafür kann in einer Tendenz zur Selbstbestrafung liegen. Möglicherweise fühlt sie sich schuldig, weil sie ihrer Meinung nach etwas Verwerfliches getan hat, wofür sie nun büßen muss. In diesem Fall ist es wichtig, die Wesenheit dazu zu bewegen, ihre Schuldgefühle aufzugeben. Wenn dies gelingt, steht einer erfolgreichen Heilung meist nicht mehr im Wege.

Zu diesem Zweck ruft der Proband einen oder mehrere Heiler zur Hilfe und bittet ihn oder sie, die erforderlichen Maßnahmen zu ergreifen. Die Wirkung zeigt sich manchmal sofort oder mit einer gewissen zeitlichen Verzögerung in einer Veränderung der Symptomatik bzw. des Erlebens. Bei diesem Vorgehen überlässt man dem Heiler voll und ganz die Wahl der Methode. Stößt dies auf Schwierigkeiten, muss der Therapeut den Heilungsprozess stärker strukturieren. Er schickt den Klienten in die Vergangenheit, in diejenige Situation, in der die Verletzung stattfand. Dann ruft er einen Helfer herbei und bittet ihn, alles zu tun, um die Traumatisierung zu verhindern. Dieser verändert die Situationsbedingungen auf eine Weise, welche die Verletzung unmöglich macht. Damit findet eine Veränderung der Vergangenheit in der Vorstellung statt. Natürlich macht dies nicht die vergangenen Erlebnisse ungeschehen. Ebenso wenig verschwinden die Erinnerungen daran. Es ändert sich lediglich die emotionale Bedeutung der traumatischen Erfahrungen, so dass sie ihren belastenden Charakter nach und nach verlieren oder er zumindest so weit geschwächt wird, dass er nicht mehr die Symptombildung fördert oder einen Beitrag zur Aufrechterhaltung der Symptomatik leistet. Der Gang in die Vergangenheit beginnt an einem Ort der inneren Welt. Der Therapeut gibt die Suggestion, dass von ihm aus ein Weg in die Vergangenheit führt bis zu der traumatisierenden Situation, in der die Verletzung stattfand. Ist der Klient dort angekommen, fordert er ihn auf, sie genau zu beschreiben. Er soll die Reihenfolge der Ereignisse wiedergeben, die dem eigentlichen Trauma vorausgingen, bis zu dessen Beginn. An dieser Stelle ruft der Therapeut einen Helfer und bittet ihn, die weiteren Geschehnisse zu verhindern. Liegt bspw. ein sexueller Missbrauch als traumatische Erfahrung vor, so tritt der Helfer dem Täter entgegen und hindert ihn an der Ausführung seines Vorhabens. Der Klient erfährt sich als frei von den Belastungen, die von dem Missbrauch ausgingen. Nachdem er diese neue Erfahrung emotional durchlebt hat, suggeriert der Therapeut, dass er den Weg wieder zurückgeht bis zu dem Ort in der inneren Landschaft, wo er seine Reise begann. Ein besonders destruktiver Bewohner der inneren Räume ist der innere Kritiker. Man sollte ihn besser als inneren Richter bezeichnen. Hat der Kritiker positive Aspekte, wenn er auf Fehler aufmerksam macht und seine Kritik mit Wertschätzung der Person verbindet, so gefällt sich der innere Richter in einer globalen Abwertung der ganzen Persönlichkeit. Er richtet seine Kritik nicht gegen einzelne Fehlhandlungen, sondern verbannt die ganze Person pauschal als unfähig, wertlos und schuldig und lässt kein gutes Haar an ihr. Die undifferenzierte Allgemeinheit seiner Anklage liefert keinen Hinweis auf Möglichkeiten einer konstruktiven Verhaltensänderung. Weder erfährt das Opfer seiner Angriffe etwas über die möglichen Gründe für sein Versagen noch erhält er Hinweise, wie er es in Zukunft besser machen kann. Die beständigen Anklagen erzeugen chronische Schuld- und Minderwertigkeitsgefühle und verringern die Fähigkeit, sich zu behaupten und durchzusetzen. Auch die Fähigkeit zu wirksamem Handeln erfährt eine nachhaltige Beeinträchtigung. Massive Selbstzweifel behindern die Selbstwirksamkeit und fördern die Hilflosigkeit. Auch selbstzerstörerische Tendenzen entwickeln sich und manifestieren sich in selbstschädigendem Verhalten und gelegentlich in psychosomatischen Störungen. Die Hypnose ist ein wirksames Instrument, um den inneren Richter zu entmachten. Begleitet von seinem Helfer sucht der Klient einen Ort in seiner inneren Landschaft auf, wo er den Richter ruft. Wenn dieser erscheint, sollte er ihn beschreiben einschließlich der eigenen Gefühle, die dabei auftauchen. Dann stellt der Proband ihm einige Fragen nach seinen Funktionen und Zielsetzungen. Dabei werden auch die positiven Aspekte seiner Kritik sichtbar. Der Klient verhandelt mit ihm, ob er bereit ist, mit den destruktiven Attacken aufzuhören und sich auf eine sachliche und konstruktive Kritik zu beschränken. Stimmt er diesem Vorschlag zu, macht sich dies in der Abnahme oder dem Verschwinden der belastenden Symptome wie Schuld- und Minderwertigkeitsgefühle bemerkbar. Leider sind die inneren Richter nicht immer kooperativ, sondern weisen häufig ausgesprochen sadistische Züge auf. Manche sind ausgesprochen bösartig und scheinen Freude am Quälen ihres Opfers zu finden. In solchen Fällen sind alle Versuche, sie zu einer Veränderung ihres Verhaltens zu bewegen, zum Scheitern verurteilt. Um eine Veränderung zu bewirken, bittet der Klient seinen Helfer, er möge auf den inneren Richter so einwirken, dass er sein destruktives Verhalten unterlässt, wobei er ihm die Wahl seiner Maßnahmen überlässt. Häufig kommt es dann zu einer Veränderung in der Symptomatik, wenn der Richter seine Aktivitäten plötzlich einstellt oder zumindest reduziert.

Solche Verwandlungsprozesse geschehen, ohne dass dem Betroffenen die Gründe dafür ins Bewusstsein kommen. Manchmal ändert sich die innere Dynamik der Beziehungen verschiedener Anteile zueinander, sodass es zu einer tiefgreifenden Veränderung im Denken,

Fühlen und Verhalten in verschiedenen Lebensbereichen kommt, die scheinbar ganz unabhängig voneinander sind.

Eine andere Methode, die innere Landschaft in der Veränderungsarbeit einzusetzen, besteht in ihrer Differenzierung in Orte mit verschiedenen Funktionen. Hält sich der Klient an einem Ort auf, so macht er Erfahrungen, die zu der spezifischen Kategorie gehören, die für den Ort charakteristisch ist und die jeweils besondere Ergebnisse impliziert. Die Aufteilung in solche Lokalitäten kann nach unterschiedlichen Gesichtspunkten vorgenommen werden. Eine sinnvolle Vorgehensweise, die ein breites Spektrum von Interventionsmöglichkeiten umfasst, besteht in der Aufteilung der inneren Welt in sieben Orte, wobei jeder Bereich eine spezifische Funktion besitzt. Folgende Orte lassen sich unterscheiden:

- der Ort der Ruhe
- der Ort der Kraft
- der Ort der Kreativität
- der Ort der Fragen
- der Ort der Lösungen
- der Ort der Gesundheit
- der Ort des Abschieds

Prinzipiell ist es möglich, alle Orte in einer Sitzung zu durchwandern. Will man sich gründlich mit einer spezifischen Problematik auseinandersetzen, ist die Beschränkung auf einen oder zwei Orte pro Sitzung empfehlenswert. Vor allem bei Angstpatienten ist es sinnvoll, mit dem Ort der Ruhe zu beginnen. Er bildet den Rahmen, in dem die Symptome von Angststörungen konfrontiert und bewältigt werden können. Als Nächstes sollte der Ort der Kraft kontaktiert werden. Er liefert die Impulse für die Aktivitäten, die der Veränderungsarbeit dienen. Jeder der beiden Orte enthält diejenigen Bilder und Symbole, welche mit der für sie charakteristischen Thematik verknüpft sind. Die Bestandteile des Ortes der Ruhe aktivieren oder verstärken dieses Gefühl, während die Komponenten, die zur Region der Kraft gehören, die Erfahrung einer erhöhten inneren Dynamik vermitteln. Betritt der

Proband den Ort der Kreativität, so verflüssigen sich die Denkprozesse, und es treten vermehrt Kognitionen in häufig wechselnden Verknüpfungen auf. Starre Gedankenmuster lösen sich auf und an ihre Stelle treten flexible Kombinationen von Gedanken und Vorstellungen, die einem stetigen Wandlungsprozess unterliegen, so dass ständig neue Einfälle und Ideen auftauchen. Benötigt der Proband neue Gedanken, um bestimmte Probleme zu lösen, so geht er zum Ort der Kreativität und ruft einen Helfer herbei, den er um kreative Impulse bittet. Es ist auch ein Arrangement denkbar, das nicht auf ein Wesen als Helfer zurückgreift. Gibt man die Suggestion, dass alleine die Anwesenheit am Ort der Kreativität schöpferische Ideen aktiviert, so reicht es aus, den Probanden in diese Region seiner inneren Welt zu schicken, um neue Einfälle zu mobilisieren.

Den Ort der Fragen kontaktiert man, wenn es darum geht, im Rahmen einer Therapie oder eines Prozesses der Problemlösung diejenigen Fragen zu stellen, die zum Ziel führen. Auch hier gibt es verschiedene Möglichkeiten, zu den richtigen Fragen zu kommen. Man kann einen dafür zuständigen Helfer fragen oder sie auf andere Weise finden lassen. Um Antworten auf die gefundenen Fragen zu erhalten, begibt sich der Proband zum Ort der Lösungen. Es ist nicht unbedingt notwendig, dass er vorher den Ort der Fragen aufgesucht hat. Wenn er sich über die richtigen Fragen im Klaren ist, kann er sofort zum Ort der Lösungen gehen. Geht es um gesundheitliche Probleme, gleichgültig, ob es sich dabei um psychische, körperliche oder psychosomatische Störungen handelt, ist der Ort der Gesundheit relevant. Dort findet der Klient Wesen, die als innere Heiler fungieren sowie die heilenden Kräfte, welche eine therapeutische Wirkung entfalten. Die Art und Weise, wie die Therapie im Einzelnen vonstattengeht, ist eine Angelegenheit, über die das Unbewusste entscheidet. Lediglich ein Anstoß in Form einer Intention, dass eine Heilung erfolgen soll, ist erforderlich, um auf der Ebene des Unbewussten diejenigen Prozesse in Gang zu setzen, welche eine heilende Wirkung hervorrufen. Die letzte Region der inneren Welt, die der Klient kontaktiert, ist der Ort des Abschieds. Hier werden unerledigte Geschäfte aus der Vergangenheit, die immer noch als Belastung wirken, abgeschlossen und sie verlieren damit ihren destruktiven Einfluss. Außerdem haben wir es mit einem Ort zu tun, wo die Person alles loslässt, was keine nützliche Funktion mehr besitzt, sondern sie nur noch belastet. Dazu gehören Gefühle wie Angst, welche nicht mehr vor einer realen Gefahr warnt, oder Schuld bzw. Scham, die keinerlei sinnvolle Funktionen bei der Steuerung des Denkens, Fühlens und Handelns besitzt. Auch Wünsche, die sich als unerfüllbar oder als selbstzerstörerisch erwiesen haben, gehören hierhin. Ebenfalls Annahmen und Glaubenssätze, welche das Individuum zu einer verzerrten unrealistischen Sicht der Welt und der eigenen Person veranlassen, die zu negativen Emotionen und dysfunktionalem Verhalten führen, die oft mit einem erheblichen Leidensdruck verbunden sind. In diesem Bereich finden wir auch Fixierungen an Beziehungen, welche keine Befriedigung mehr gewähren und die lediglich Leiden verursachen. Man kann diesen Ort auch die Ebene der Anhäufung von Belastungen nennen, die das Leben schwermachen. Der Kontakt mit dieser Region ermöglicht uns die Anwendung von Methoden, die es uns ermöglichen alles, was uns bedrückt, loszulassen.

Auch hier arbeiten wir nicht mit einem starren Schema, sondern lassen uns vom Unbewussten die Vorgehensweise vorgeben. Dies kann geschehen, indem wir einen Helfer rufen und ihn bitten, alle Maßnahmen einzuleiten und zum Abschluss zu führen, welche den Prozess des Loslassens einleiten und zu einem positiven Ende führen. Es besteht aber auch die Möglichkeit, lediglich die Absicht zu formulieren, diesen Vorgang erfolgreich durchzuführen, dann abzuwarten, was im Einzelnen geschieht. Sollte diese Vorgehensweise Erfolg haben, macht sich der Prozess des Loslassens sehr häufig in Form von einer Erleichterung oder einer Entlastung bemerkbar.

Fühlen und Verhalten werden in hohem Maße bestimmt durch Gedankenformen, welche die Sinneserfahrungen und die inneren mentalen Vorgänge wie Gefühle und Körperempfindungen interpretieren und bewerten. Die Erfahrungen, die der Mensch macht, sind niemals reine Sinnesempfindungen oder unmittelbar erfassbare subjektive Vorgänge, sondern stellen immer eine Kombination von Sinneseindrücken und begrifflichen Formen oder subjektiven Gegebenheiten und mentalen Mustern dar, welche den Impressionen oder den subjektiven Gegebenheiten eine Bedeutung verleihen.

Von Gefühlsreaktionen und Handlungen sind Gedanken über die Bedeutung der Beschaffenheit von Situationsbedingungen besonders wichtig. Dabei stellen Bewertungen diejenigen mentalen Aktivitäten dar, welche Gefühlsreaktionen und Verhaltensweisen bestimmen. Gefühle und die Art und Weise des Handelns sind bedingt durch die Art und Weise des Denkens des Individuums.

Albert Ellis, der Begründer der rational-emotiven Verhaltenstherapie, hat mit seinem A-B-C-Modell die Abhängigkeit der Gefühle und Verhaltensweisen von spezifischen Formen des Denkens postuliert.

A repräsentiert das Aktivieren des Ereignisses, das Gefühle und Verhalten auslöst. C ist die Abkürzung des englischen Wortes „consequence", das die Reaktion des Individuums auf das aktivierende Ereignis darstellt. Sie besteht aus Gefühlen, den sie begleitenden physiologischen Reaktionen und dem mit ihnen verbundenen Verhalten. Das aktivierende Ereignis kann aus einem Ereignis in der Außenwelt bestehen, wie z. B. dem Verlust des Arbeitsplatzes, einer Beförderung usw. Auch körperliche Empfindungen, wie z. B. Magen- und Herzbeschwerden sowie ähnliche Symptome, die Angst hervorrufen, gehören dazu. Es ist auch möglich, dass mentale Gegebenheiten, wie der Gedanke an eine bevorstehende Prüfung, als Auslöser emotionaler Reaktionen wie Angst fungiert. Auch positive Gefühle wie Freude werden durch entsprechende aktivierende Ereignisse, wie z. B. die Erwartung des nächsten Urlaubs, ausgelöst. Fragt man die Menschen, warum sie auf eine bestimmte Art und Weise reagieren, geben sie meistens das aktivierende Ereignis als Ursache an. Die unter C angeführten Gefühle, die physiologischen Reaktionen und Verhaltensweisen betrachten sie als kausale Konsequenzen objektiver Situationsbedingungen. Gesetzt den Fall ein junger Mann wird von seiner Freundin verlassen, worauf er mit Trauer, Wut, einer depressiven Verstimmung und Rückzug von sozialen Kontakten reagiert. Auf die Frage nach dem Grund für seine emotionalen Turbulenzen führt er das Verhalten seiner Exfreundin an. Seiner Ansicht nach ist es die Ursache seiner desolaten Verfassung. Diese Ansicht ist jedoch falsch. Nicht jeder junge Mann reagiert mit den gleichen Gefühlen und Verhaltensweisen, wenn ihm seine Partnerin den Laufpass gibt. Ein anderer Mann reagiert vielleicht mit einer kurzen Phase der Trauer oder sogar der Erleichterung, um sich dann auf die Suche nach einer neuen Freundin zu machen. Gleiche Ausgangsbedingungen begründen nicht unbedingt gleiche Reaktionen. Es müssen noch andere Faktoren im Spiel sein, die zum aktivierenden Ereignis hinzukommen, um eine bestimmte Reaktion hervorzubringen.

Ellis bezeichnet diese Gegebenheiten mit dem Buchstaben B, die Abkürzung von „belief". Es handelt sich um Gedankenmuster, welche das aktivierende Gedankenmuster interpretieren und ihm damit eine bestimmte Bedeutung verleihen. Interpretiert unser verlassener Liebhaber das Verhalten seiner Freundin als eine Demütigung und als Beleidigung seiner Männlichkeit, so sorgt diese Interpretation für die Entwicklung von Enttäuschung, Ärger und Wut. Interpretiert er ihren Rückzug als Entlastung von einer belastenden Beziehung und einer Befreiung von einengender Nähe, so reagiert er darauf mit Gleichmut oder sogar Erleichterung. Die spezifischen emotionalen Reaktionen und Verhaltensweisen sind das Ergebnis unterschiedlicher Gedankenmuster, die sich auf das aktivierende Ereignis beziehen. Der Mensch reagiert nicht auf das Faktum als solches, sondern auf seine Interpretation durch die mentalen Strukturen der Gedanken.

Wir wollen uns dieses Muster näher ansehen. Im Laufe ihres Lebens entwickeln Menschen die Tendenz, auf bestimmte Typen aktivierender Ereignisse mit stereotypen Formen von Gefühlen und Aktivitäten zu reagieren. So aktivieren möglicherweise jede Prüfung und jede Flugreise massive Ängste, oder die Konfrontation mit einer positiven Herausforderung ruft überschwängliche Gedanken hervor, die ihrerseits zu unermüdlichen Aktivitäten führen. Manchmal lösen bestimmte Ereignisse körperliche Störungen aus, wie Schmerzen oder andere Symptome, die immer wiederkehren, die sich zu chronischen Beschwerden verfestigen. Auch in solchen Fällen stellen mentalen Episoden die entscheidenden Auslöser dar. In diesem Zusammenhang lassen sich verschiedene Ebenen wirkender Kognitionen unterscheiden.

Die erste Schicht besteht aus Gedanken, die schnell aufeinander folgen und die sich auf das konkrete aktivierende Ereignis beziehen.

Angenommen ein Mensch leidet unter Prüfungsangst. Jede Prüfung stellt ein aktivierendes Ereignis dar, das mehr oder weniger starke Angst mobilisiert. Richtet der Betroffene seine Aufmerksamkeit auf den Strom seiner Kognitionen, so tauchen Muster auf, die sich auf die konkrete bestehende Prüfung beziehen, und welche, deren belastende Aspekte die eigene Unfähigkeit sie zu bestehen und das drohende Scheitern zum Inhalt haben. Werden solche Gedankensequenzen häufig wiederholt, so entwickeln sich starre, automatisierte Gedankenabläufe, welche schnell ablaufen und sich der Steuerung durch das bewusste, willensbestimmte Denken entziehen. Sie lassen sich schwer bewusst registrieren, weil sie die Tendenz haben, unter die Schwelle des Bewusstseins zu sinken, so dass die Betroffenen sie nicht einmal erkennen. Oft dringen nur Fragmente, wie einzelne Worte und Bilder, ins Bewusstsein. Auf einer tieferen Ebene, jenseits des automatisierten Gedankenstroms, liegen mentale Strukturen, welche den automatisierten Gedanken als Programme zugrunde liegen und ihre Formen und Inhalte bestimmen. Es handelt sich um sogenannte situationsübergreifende Grundannahmen bzw. um Gedankenmuster. Als solche stellen sie Überzeugungen dar, die sich auf einen Komplex von Situationen mit einer gemeinsamen Thematik beziehen. Manchmal werden sie auch Glaubenssätze genannt. Sie stellen Überzeugungen dar, die das Individuum als wahr annimmt und es in seinem Denken, Fühlen und Handeln leiten. Dabei entfalten sie eine erhebliche Wirksamkeit.

Sie wirken nicht, weil sie wahr sind, sondern weil sie geglaubt werden. „Prüfungen sind schwer", „Ich kann keine Prüfungen bestehen", „Ich bin zu dumm, Prüfungen zu bestehen" sind Beispiele für Glaubenssätze, die sich auf Prüfungen beziehen. Glaubenssätze können sich auf alles beziehen. Angefangen von einzelnen Ereignissen und Personen bis zum ganzen Universum, wobei Sätze wie „die Person X ist ...", „die Welt ist ..." Beispiele für Überzeugungen geringer bzw. universeller Reichweite sind. Von besonderer Bedeutung sind Überzeugungen, die sich auf die eigene Person beziehen. Es handelt sich dabei um Gedankenmuster, welche die Bestandteile des Selbstkonzeptes, das Bild des eigenen Ichs ausmachen. Wir haben es hier mit Glaubenssätzen zu tun wie „Ich bin klug", „Ich bin dumm", „Ich bin attraktiv", „Ich bin unfähig" usw. Solche Selbstbeschreibungen bilden die Grundlage der Selbstbewertung, was wiederum das positive oder negative Selbstwertgefühl begründet. Die Wertungen wie „gut", „schlecht", „fähig", „unfähig", „attraktiv", „unattraktiv" usw. erzeugen die Gefühle, die wir uns selbst gegenüber empfinden. Nicht alle Glaubenssätze aktivieren gefühlsmäßige Reaktionen oder stimulieren bestimmte Handlungen. Diese Funktion erfüllen Bewertungen wie „gut", „schlecht", „gefährlich", „peinlich", „hässlich". Wenn Menschen ihre Erfahrungen bewerten, reagieren sie mit Gefühlen, die sie als positiv oder negativ erleben und die mit Verhaltensweisen verknüpft sind, welche sich als zielführend oder als dysfunktional erweisen. Gedankenmuster und Glaubenssätze sind notwendige und unvermeidliche Bestandteile des menschlichen Geistes. Sie bilden vernetzte Systeme, die uns Informationen über die Beschaffenheit der Realität und der eigenen Wahrnehmung liefern. Sie legen fest, was wir von Seiten der Außenwelt erwarten können, welche Verhaltensweisen unsere Mitmenschen an den Tag legen, wie wir angesichts bestimmter Umweltgegebenheiten denken, fühlen und uns verhalten und welche Konsequenzen unser Verhalten hervorruft. Die Gesamtheit der Überzeugungen stellt die kognitive Landkarte oder das Weltmodell des Individuums dar, die den Rahmen abgibt für sein Verständnis der inneren und äußeren Wirklichkeit und die es bei der Ausstellung und Realisierung von Handlungsplänen leitet. Diese Gedankenmuster entscheiden über unser

Wohl und Weh. Sie können uns zu einer Lebensführung verhelfen, die von Wohlbefinden und Zufriedenheit geprägt ist, oder sie rufen psychische und physische Belastungen hervor, die sich im Extremfall in der Form von seelischen und körperlichen Krankheiten äußern. Überzeugungen und Glaubenssätze lassen sich aufgrund ihrer Struktur und ihrer Folgen in zwei Gruppen einteilen, die Albert Ellis rationale und irrationale Überzeugungen nennt. Rationale Überzeugungen sind Glaubenssätze, die zu situationsgerechten Gefühlen führen und zu einem Verhalten, das zur Verwirklichung der angestrebten Lebensziele dient. Dabei ist es keineswegs notwendig, dass die Gefühle immer positiv sind. In manchen Situationen sind auch Emotionen, die wir als negativ bewerten wie Ärger und Wut angemessen, wenn sie zu Handlungen führen, die Störungen und Hindernisse beseitigen. Irrationale Überzeugungen und Glaubenssätze führen zu unangemessenen Bewertungen und Verhaltensweisen, die den Menschen auf mannigfaltige Weise belasten und ihm Hindernisse bei der Verfolgung befriedigender Lebensziele in den Weg legen. Zu den blockierenden Emotionen gehören starke Angst, intensiver Ärger und Depressionen, verbunden mit Vermeidungsverhalten. Gefühle haben eine nützliche Funktion bei der Steuerung des Verhaltens. Angst stellt ein Warnsignal vor einer drohenden Gefahr dar. Wut entsteht, wenn das Individuum an der Verfolgung seiner Ziele gehindert oder wenn ihm etwas Wichtiges weggenommen wird. Mit Hilfe der Wut mobilisiert es die nötige Energie, um durch entsprechende Aktivitäten die Beeinträchtigung zu verhindern oder rückgängig zu machen. Zum Problem werden Emotionen, wenn sie übermäßig stark sind bzw. wenn sie als Belastung empfunden werden. Als Belastung treten sie auch in Erscheinung, wenn sie in einem Kontext auftreten, in dem sie mit Verhaltensweisen verbunden sind, welche die Befriedigung von Bedürfnissen oder die Erfüllung von Wünschen erschweren oder vereiteln. Die Gefühle treten immer dann auf, wenn spezifische Glaubensätze verbunden mit entsprechenden Bewertungen Situationen interpretieren. Wenn eine Person eine sachliche und berechtigte Kritik an sich als böswilligen Angriff interpretiert und als Beeinträchtigung ihres persönlichen Wertes beurteilt, nimmt sie die Realität verzerrt wahr.

Ein Glaubenssatz, der sachliche Kritik mit böswilliger Aggression gleichsetzt, verbunden mit der Bewertung katastrophal und unerträglich zu sein, erzeugt emotionale Belastung und führt zu einem Verhalten, das überflüssige Konflikte und Auseinandersetzungen heraufbeschwört, die nicht zur realitätsgerechten Bewältigung der Problematik beitragen. Irrationale Überzeugungen sind nicht mit der Realität zu vereinbaren. Betrachten wir das Denken der Menschen, die in ihrem Alltag mit psychischen Schwierigkeiten zu kämpfen haben, so finden wir am häufigsten die folgenden Urteile: Erfolge, Anerkennung, Liebe, Annehmlichkeiten, Gesundheit, Sicherheit und Gerechtigkeit sind absolut notwendig, um glücklich zu sein, und unerlässlich für die Selbstachtung. Fehler, Ablehnung, Kritik, Unannehmlichkeiten, Krankheit, Ungewissheit, Frustrationen und Ungerechtigkeiten sind schrecklich, unerträglich und dürfen unter keinen Umständen vorkommen. Sie sind unvereinbar mit einem glücklichen Leben. Die mannigfaltigen belastenden Gedanken ordnet Ellis vier Grundkategorien zu.

1. Absolute Forderungen (Muss-Gedanken)

   Es handelt sich dabei um die Erhebung der eigenen Wünsche und Bedürfnisse zu absoluten Forderungen und Notwendigkeiten. „Ich muss …", „die anderen müssen …", „meine Lebensbedingungen müssen …" sind Formulierungen, welche charakteristisch sind für diese Kategorie von Überzeugungen. Ihr destruktiver Charakter resultiert einerseits aus der Unmöglichkeit in Übereinstimmung mit ihnen zu handeln und andererseits aus der Forderung, dass das eigene Wohlbefinden von ihrer Verwirklichung abhängt.

   Ein Muss-Gedanke wie „Ich muss immer perfekte Arbeit leisten" enthält die Forderungen nach Perfektion der eigenen Arbeit, die an unrealistischen Grundsätzen scheitert, weil es keine realistischen Kriterien zur Perfektion gibt. So führt die Orientierung an absoluten Forderungen im Denken und Handeln zwangsläufig zum Versagen der Realisierung aller Handlungspläne und damit zu emotionalen Belastungen.

2. Globale negative Selbst- und Fremd-Bewertung

Anstelle der Einschätzung einzelner Persönlichkeitsmerkmale und Verhaltensweisen wird die ganze Person als schlecht, minderwertig und unzulänglich beurteilt. Globale negative Urteile rufen belastende Gefühle wie Wut, Ärger und Depression hervor.

3. Katastrophengedanken

Negative äußere und innere Erfahrungen werden zu Katastrophen hochstilisiert, was zur Verzerrung ihrer Bedeutung führt. So werden relativ harmlose Missfälligkeiten zu unerträglichen Belastungen und schrecklichen Katastrophen aufgebauscht. Menschen, die zum Katastrophisieren neigen, sind nicht in der Lage die Unannehmlichkeiten, mit denen sie konfrontiert werden, realistisch einzuschätzen und einem adäquaten Grad der Belastung zuzuordnen. Infolgedessen reagieren sie auf unbedeutende negative Ereignisse mit heftigen Gefühlen wie Wut, Ärger und Niedergeschlagenheit, die in ihrer Intensität völlig unangemessen sind, und leiden darunter.

4. Niedrige Frustrationstoleranz

Unter Frustrationstoleranz versteht man die Fähigkeit, Belastungen, Schwierigkeiten und Versagungen zu ertragen und die Befriedigung von Bedürfnissen und die Erfüllung von Wünschen aufzuschieben oder auf sie zu verzichten. Menschen mit niedriger Frustrationstoleranz bewerten negative Ereignisse als nicht aushaltbar und unerträglich. Sie halten sich für unfähig einen Zustand, den sie als Belastung beurteilen, ertragen zu können. Äußerungen, die eine niedrige Frustrationstoleranz zum Ausdruck bringen, lauten zum Beispiel:

„Ich kann es nicht ertragen/aushalten, wenn ...“

Irrationale Überzeugungen lassen sich in zwei Gruppen zusammenfassen:

1. Wünschenswerte Dinge sind für das eigene Wohlbefinden absolut notwendig.

2. Unangenehme Dinge sind unerträglich und dürfen auf keinen Fall vorkommen.

Es besteht ein relativ stabiler Zusammenhang zwischen bestimmten Glaubenssätzen und spezifischen destruktiven Gefühlen und Verhaltensweisen. Wenn wir es mit Ängsten zu tun haben, die sich auf die eigene Person beziehen, wenn sie sich davor fürchtet, einen negativen Eindruck zu machen, ihr Gesicht zu verlieren, spielt folgender Glaubenssatz eine wichtige Rolle:

„Ich muss erfolgreich, attraktiv und ohne Fehler sein. Ich darf keine Fehler machen, nicht versagen und abstoßend wirken!"

Ein solches Gedankenmuster impliziert Erwartungen des Versagens und Scheiterns, was zur Anspannung und Unruhe führt und was die Wahrscheinlichkeit erhöht, dass die gefürchteten Ereignisse eintreten. Entwickeln Menschen Angst vor ihren Mitmenschen, so ist dies das Ergebnis einer Überzeugung, die folgende Form besitzt:

„Ich muss anerkannt und geliebt werden. Andere müssen sich so verhalten, wie ich es verlange, und mir meine Wünsche erfüllen. Ich darf nicht abgewiesen oder vernachlässigt werden."

Zwischenmenschliche Beziehungen erscheinen als bedrohlich, weil sie mit großer Wahrscheinlichkeit die Gefahr enthalten, vom Interaktionspartner zurückgewiesen zu werden. Neigungen zur Zurückgezogenheit und Selbstsicherheit liegen Forderungen nach bedingungsloser Anerkennung und Liebe zugrunde. Werden diese Erwartungen nicht erfüllt oder besteht eine gewisse Wahrscheinlichkeit, dass eine solche Situation eintritt, sorgen Angstgefühle für ein unsicheres Verhalten bzw. die Tendenz, sie zu vermeiden oder sich aus ihr zurückzuziehen. Ihnen liegen Gedankenmuster der folgenden Form zugrunde:

„Ich muss Situationen, in denen in nicht anerkannt und geliebt werde oder nicht sicher bin, vermeiden oder entfliehen."

Liegen Schuldgefühle, Scham und Minderwertigkeitsgefühle vor, bestehen Überzeugungen, mit denen sich das Individuum als unfähig und moralisch schlecht abwertet. Solche Tendenzen bilden die Grundlage für Neigungen zur Selbstbestrafung, die meist unbewusst abläuft und sich in selbstzerstörerischem Verhalten, manchmal auch in körperlicher Störung äußert:

„Ich verdiene Strafe aufgrund meiner Dummheit und meiner Schwäche"

ist das Beispiel für ein Gedankenmuster, das Selbstbestrafungstendenzen initiiert. Auch Ärger in seinen mannigfaltigen Formen entspringt spezifischen Glaubenssätzen. Wenn wir uns über uns selbst ärgern, werten wir uns selbst ab, weil wir den Anforderungen, die wir an uns selbst gestellt haben, nicht genügen. Ein Glaubenssatz, der zum Ärger über sich selbst disponiert, lautet:

„Ich muss die Dinge so tun, dass sie 100%ig stimmen. Ich darf niemals etwas schlecht oder weniger gut erledigen."

Bezieht sich der Ärger auf bestimmte Situationsbedingungen, so handelt es sich um Ereignisse, welche die betroffene Person ablehnt:

„Die Dinge müssen genau mit meinen Wünschen und Forderungen übereinstimmen."
„Die Dinge, die ich verabscheue, dürfen nicht existieren."
„Die Dinge müssen so liegen, wie ich es fordere."
„Ich darf nicht frustriert oder deprimiert werden."

Eine Depression basiert auf der Überzeugung, dass alles hoffnungslos und unerträglich ist und die Erfahrung von Glück ausschließt:

„Für mich gibt es keine Hoffnung."
„Alles ist hoffnungslos und unerträglich."
„Ich werde niemals in der Lage sein, meine Probleme zu lösen und Glück zu erleben."

Sinnvoll ist auch eine grobe Aufteilung der Glaubenssätze in unterstützende und einschränkende. Unterstützende Glaubenssätze helfen uns dabei, unsere Wünsche zu erfüllen und unsere Ziele zu erreichen. Dazu gehören Gedankenmuster wie:

„Mir wird alles gelingen."
„Wer nicht wagt, der nicht gewinnt."
„Ich kann alles erreichen, was ich erreichen möchte."

Einschränkende Glaubenssätze hindern uns an der Erfüllung unserer Wünsche und der Realisierung unserer Ziele:

„Ich werde nur geliebt, wenn ich Leistung bringe."
„Das schaffe ich nie."
„Ich bin nicht genug."
„Es ist wichtig, was andere von mir denken."
„Ich habe es nicht verdient."
„Vergiss es! Ich weiß, dass ich es nicht kann."
„Das lasse ich lieber, ich halte es sowieso nicht durch."
„Das mache ich nicht so einfach."
„Das ist nun einmal so."
„Ich werde nie genug Geld haben."
„Lieber nicht so viel erwarten, man wird sowieso nur enttäuscht."

Überzeugungen dieser Art entmutigen, sie reduzieren die Bereitschaft, Risiken einzugehen und etwas zu unternehmen, sie fördern den Rückzug von Aktivitäten und die Passivität und sorgen für eine Geisteshaltung, welche Versagen und Scheitern begünstigt.

Antreiber/Stopper

Die Transaktionsanalyse (Eric Berns) unterscheidet fünf Gedankenmuster, mit deren Hilfe sich Menschen selbst unter Druck setzen. Es handelt sich um sogenannte Antreiber. Um Anweisungen, die das Individuum sich selbst gibt, um sich zu aktivieren. Ohne Rücksicht auf die eigene Befindlichkeit und Belastbarkeit treibt der Mensch sich selbst rücksichtslos an, auch wenn er damit riskiert, seine Kräfte zu erschöpfen, destruktive Emotionen zu mobilisieren und auf eine dysfunktionale Weise handelt, welche den beabsichtigten Erfolg verhindert. Folgende Antreiber lassen sich unterscheiden:

Sei perfekt!

Menschen, die sich dieses Antreibers bedienen, haben das Bedürfnis, alle Aufgaben möglichst perfekt zu erledigen. Von der Angst geplagt, dass etwas schiefgeht, wenden sie übermäßig viel Zeit und Kraft auf, um sich gegen alle Fehler und Katastrophen abzusichern. Dies erfordert eine Anstrengung, die seelische Belastungen in Form von Angst, Unruhe und Stress hervorruft. Durch übermäßige Absicherung gegen alle Fehler manövriert sich das Individuum aus Zeitmangel und anderen Engpässen in Schwierigkeiten hinein, die eine Verwirklichung der perfektionistischen Zielsetzungen unmöglich machen.

Streng dich an!

Menschen, die sich dieses Antreibers bedienen, glauben, dass die größtmögliche Anstrengung das erstrebenswerteste Ziel sei. Sie bevorzugen den langwierigsten und anstrengendsten Lösungsweg, um zum Ziel zu gelangen. Damit verbunden ist die Neigung, überall Konkurrenten und Rivalen zu sehen, die nur durch große Anstrengungen geschlagen werden können.

Beeil dich!

Wer sich diesem Antreiber verschrieben hat, lebt unter ständiger Zeitnot. Alles muss möglichst schnell erledigt werden, es bleibt kein Raum für eine Zeitplanung, die auch Langsamkeit und Muße zulässt. Der Zeitdruck, den dieser Antreiber mit sich bringt, produziert seelische und körperliche Belastungen und leistet Fehlern aufgrund von Zeitmangel und übermäßiger Eile Vorschub.

Sei gefällig!

Dieser Antreiber sorgt dafür, dass die Menschen, die unter seinem Einfluss stehen, versuchen, es allen Mitmenschen recht zu machen. Dies konfrontiert sie häufig mit widersprüchlichen Anforderungen und Ansprüchen, die sie in Konflikte verstricken, welche sie durch ihre Bereitschaft, allen gefällig zu sein, gerade vermeiden wollten.

Sei stark!

Unter dem Druck dieses Antreibers muss die Person immer stark sein. Sie darf keine Gefühle zeigen und Schwäche nicht zugeben. Sie erhebt den Anspruch, alles aus eigener Kraft zu erledigen, und ist nicht bereit, Hilfe von anderen in Anspruch zu nehmen.
Solche Menschen sind typische Einzelkämpfer, welche davon überzeugt sind, über die notwendigen Mittel zu verfügen, ihre Angelegenheiten alleine regeln zu können. Für sie ist es ein Zeichen von Schwä-

che, mit anderen zu kooperieren und auf ihre Unterstützung zurückzugreifen.

Alle Antreiber stellen Kognitionen dar, welche die Form von Anweisungen besitzen, die das Individuum sich selbst gibt. Dies geschieht
meist auf der unbewussten Ebene und ist seiner Wahrnehmung entzogen. Ihre Wirkung macht sich als innerer Druck bemerkbar, in bestimmten Situationen auf spezifische Weise zu handeln. Dieser Druck
nimmt unter Umständen zwanghafte Formen an, der sich gegen alle
Versuche einer bewussten Steuerung durchsetzt.

Typische Denkfehler, die destruktiven Glaubenssätzen zugrunde liegen

Belastenden Glaubenssätzen liegen bestimmte Denkfehler zugrunde, welche Informationen auf eine Weise verarbeiten, die zu einer verzerrten Sicht der Realität führt. Sie stellen Strategien der Informationsverarbeitung dar, welche zwangsläufig die Entwicklung mentaler Strukturen zur Folge hat, die die Welt der Erfahrung auf eine Weise repräsentieren, die nicht den Tatsachen entspricht. Diese verzerrte Wahrnehmung und Interpretation der Realität haben belastende Gefühle und ein Handeln zur Folge, was nicht zum Ziel führt.

Aaron Beck untersuchte folgende typische Denkfehler:

„Alles oder Nichts Denken"/dichotomes Denken

Man teilt reale Gegebenheiten in einander ausschließende Gegensätze ein, ohne Übergänge und Abstufungen zu berücksichtigen. „Entweder bin ich total erfolgreich oder ein Versager."

Katastrophisieren

Man macht eine negative Vorhersage für die Zukunft, ohne andere wahrscheinlichere, mit weniger katastrophalen Folgen in Betracht zu ziehen. „Vor lauter Aufregung werde ich gar nichts machen können."

Positives ausschließen oder abwerten

Man sagt sich, dass positive Taten, Erfahrungen oder Eigenschaften nicht zählen. „Dieses Projekt ist mir gut gelungen, aber das heißt nicht, dass ich qualifiziert bin. Ich hatte einfach nur Glück."

Gefühl als Beweis

Man denkt, dass etwas wahr sein muss, weil man es fühlt. „Ich bin ein Versager, weil ich mich als Versager fühle. Ich bin bedroht, weil ich mich bedroht fühle."

Etikettierung

Man gibt sich selbst oder anderen ein festgelegtes globales Etikett, ohne auf Anhaltspunkte zu achten, die zu einer weniger extremen Schlussfolgerung führen würden.
„Ich bin ein Verlierer, ich tauge nichts."

Vergrößerung/Verkleinerung

Wenn man sich selbst oder eine Situation beurteilt, vergrößert man die negativen und verkleinert man die positiven Aspekte. Eine mittelmäßige Bewertung beweist, wie unzulänglich ich bin.
„Gute Noten bedeuten nicht, dass ich schlau bin."

Anstatt das vollständige Bild zu sehen, legt man unverhältnismäßig viel Aufmerksamkeit auf ein negatives Detail. „In meiner Beurteilung ist eine negative Bewertung (aber auch einige positive), das bedeutet, dass ich eine schlechte Arbeit mache."

Gedankenlesen

Man glaubt zu wissen, was die anderen denken, und zieht dabei andere wahrscheinlichere Möglichkeiten nicht in Betracht.

Alle die angeführten destruktiven Überzeugungen haben emotionale Belastungen und Handlungen zur Folge, die nicht oder mit erheblichen negativen Nebenwirkungen zum Ziel führen. Rationale Überzeugungen im Sinne von Ellis stellen Gedankenmuster dar, die positive Gefühle und funktionale Handlungen bedingen. Die therapeutische Vorgehensweise besteht im Aufdecken und Bewusstmachen belastender Glaubenssätze, ihrer Infragestellung in der kritischen Disputation, ihrer Ersetzung zu zielführenden Kognitionen und deren Aneignung durch entsprechende Übungen.

Während in der kognitiven Therapie der therapeutische Prozess vorwiegend im Rahmen von Gesprächen auf der Ebene des normalen Bewusstseins abläuft, besteht in der Hypnose die Möglichkeit, die Dynamik des Unbewussten in die Arbeit mit Glaubenssätzen mit einzubeziehen. Sowohl beim Aufdecken als auch beim Verändern von Glaubenssätzen kann die Hypnose eingesetzt werden. Betrachten wir zuerst die Vorgehensweise ihrer Bewusstmachung. Ein Verfahren setzt bei dem konkreten Problem an. Gesetzt den Fall jemand neigt zu ausgeprägten Hemmungen in Situationen, wo er oder sie mit einer Kritik von Vorgesetzten konfrontiert wird, sich rechtfertigen oder wirksam verteidigen muss.

In der Hypnose führt ein Helfer den Klienten zu einem Ort in seiner inneren Welt, wo er eine Situation visualisiert, in der er diese belastende Erfahrung macht, sich und alle Details einschließlich seiner Gefühle und Verhaltensweisen wahrnimmt. Dann fordert der Therapeut ihn auf, seine Aufmerksamkeit auf die Gedankenmuster zu richten, die den störenden Symptomen zugrunde liegen. Sehr häufig dringen zuerst automatisierte Gedankensequenzen ins Bewusstsein ein. Beispiel: „Mein Chef wird meinen Vorschlag ohnehin ablehnen", oder „Ich werde die Prüfung sowieso nicht bestehen." Um situationsübergreifende Überzeugungen zu kontaktieren, muss der Klient seine Aufmerksamkeit auf die mentalen Prozesse richten, die den automatisierten Gedanken zugrunde liegen.

Ohne Hypnose arbeitet man gerne mit der „Arrow-down-Technik" bzw. „Pfeil-nach-unten-Technik": Man identifiziert einzelne Gedanken und fragt den Klienten, was sie für ihn bedeuten. Der Therapeut stellt für jeden Gedanken, der auftaucht, die gleiche Frage. Dieser Prozess wird so lange fortgesetzt, bis die situationsübergreifende Überzeugung erreicht wurde. In Hypnose ist es möglich, schneller zur Ebene der Glaubenssätze zu gelangen, indem der Therapeut suggeriert, dass der Klient den Glaubenssatz registriert, welcher hinter seiner belastenden Erfahrung steht. Ist eine situationsübergreifende Grundannahme identifiziert, ist es empfehlenswert, dass der Therapeut die Suche nach weiteren Glaubenssätzen fortsetzt. Normalerweise existiert mehr als ein Glaubenssatz als Grundlage für ein Problem. Meist handelt es sich um ein Netzwerk von mentalen Strukturen, die jedoch nicht alle die gleiche Relevanz besitzen.

Neben Kernglaubenssätzen, die den größten Einfluss ausüben, gibt es Gedankenmuster von untergeordneter Bedeutung. Manche unterstützen die Aktivierung der zentralen Glaubenssätze massiv, andere üben nur einen geringen Einfluss aus. Gelingt es, zentrale Glaubenssätze zu verändern, findet meist ein ausgeprägter Wandel der Symptomatik statt. Eine Veränderung untergeordneter Gedankenmuster hat geringeren Einfluss auf die Struktur und die Dynamik der pathologischen Symptome. Die fundamentalen, kognitiven und mentalen Strukturen gelangen auf unterschiedliche Weise ins Bewusstsein. Manchmal nimmt der Klient sie in geschriebener Form wahr. Als Schriftzüge wandern sie vor seinem geistigen Auge vorbei. Es ist auch möglich, dass ein Wesen sie ausspricht oder eine körperlose Stimme diese wiedergibt. Glaubenssätze manifestieren sich gelegentlich auch in Form symbolischer Bilder. Einige dieser Bilder sind dem Klienten unmittelbar verständlich, andere dagegen stoßen auf Ratlosigkeit. In solchen Fällen ist es angebracht, mit bestimmten Methoden der Klärung zu arbeiten. Eine Möglichkeit, ein unverständliches Symbol verständlich zu machen, besteht darin, den Klienten aufzufordern, die spontanen Einfälle zu registrieren, die es hervorruft. Manchmal führen solche freien Assoziationen aber auch nicht weiter. In diesem Fall ruft der Therapeut ein Wesen als Helfer herbei, das als innerer Dolmetscher fungiert und das symbolische Bilder in eine verständliche Sprache übersetzt.

So sah eine Frau bei der Tranceinduktion immer Augen ohne Gesicht, die sie anstarrten, was sie irritierte. Sie verstand dieses Bild nicht. Der Versuch, mit Hilfe freier Assoziationen seine Bedeutung zu enthüllen, scheiterte. Erst der innere Dolmetscher gab ihr eine plausible Erklärung. Die Augen repräsentierten ihre Mitmenschen, die ihrer Meinung nach ständig Forderungen an sie stellten und sie damit unter Druck setzten. Als sie die Bedeutung dieses Bildes verstanden hatte, verschwanden die Augen und tauchten nicht wieder auf. Auch wenn die Hypnose oft einen schnellen Zugang zu den grundlegenden Glaubenssätzen ermöglicht, ist dies jedoch nicht immer der Fall. Der Zugang zu grundlegenden Überzeugungen wird häufig durch Abwehrmechanismen verwehrt, die ihr Bewusstwerden verhindern. Weil sie unvereinbar mit anderen grundlegenden Glaubenssätzen und Strukturen des Selbstkonzeptes sind.

Auch hier spielen Glaubenssätze eine wichtige Rolle, die festlegen, welche psychischen Inhalte im Bewusstsein erscheinen dürfen und welche nicht. Die Abwehr äußert sich auf unterschiedliche Weise. Manchmal macht sie sich in Form einer inneren Sperre bemerkbar, die das Auftauchen von Gedanken, Vorstellungen und Gefühlen verhindert. In anderen Fällen manifestiert sich diese Sperre als innere Leere ohne identifizierbare Inhalte. Auch Gefühle wie Angst, Wut, Schuld oder Scham weisen auf blockierte Vorgänge in der Psyche hin. Wie wir bereits gesehen haben, manifestieren sich Abwehrmechanismen auch in symbolischer Form von Hindernissen oder Wesen, die die Aktivitäten des Klienten behindern. Manifestieren sie sich auf eine konkrete Weise, so kann ein Dialog mit ihnen Aufschluss über ihre Funktionen geben. Manchmal geben sie Erklärungen über die Gründe der Blockade ab und sind bereit sie aufzugeben, unter der Voraussetzung, dass der Klient bestimmte Bedingungen erfüllt. Häufig ist diese Vorgehensweise jedoch zum Scheitern verurteilt, weil die Kräfte der Abwehr nicht bereit sind, ihren Widerstand aufzugeben. In einem solchen Fall kann der Kontakt mit einem inneren Helfer die verfahrene Situation wieder in Fluss bringen. Bittet man ihn auf die Abwehrmechanismen so einzuwirken, dass der Prozess der Veränderung weitergeht, so manifestieren sich neue Kognitionen und Emotionen bzw. Bilder und Symbole, mit denen ein therapeutischer Effekt einhergeht.

Die Veränderung destruktiver Glaubenssätze

Destruktive Glaubenssätze lassen sich auf verschiedene Art und Weise verändern. Manchmal wurden zuvor neue zielführende Gedankenformen außerhalb der Hypnose im therapeutischen Gespräch erarbeitet. Trance dient damit lediglich dem Zweck, sie in der Psyche zu verankern. Der Klient visualisiert die Problemsituation, wobei er sich die neuen konstruktiven Gedanken leise oder in Gedanken vorsagt und dabei die auftretenden positiven Veränderungen beobachtet.

Es ist aber dabei wichtig, dass er den alten, negativen Gedankenmustern keinen Raum lässt. Immer wenn sie auftauchen, sollte er sie unterbrechen, indem er „Stopp!" denkt und an ihre Stelle die neuen konstruktiven Gedanken setzt. Diese Vorgehensweise ist nicht nur auf die Übung während der Trance beschränkt, sondern sollte auch im Wachzustand beibehalten werden.

Die Einübung neuer Gedankenformen durch Autosuggestion, indem man sie sich laut oder leise bzw. in Gedanken vorsagt, bis sie an die Stelle der alten getreten sind und die beabsichtigten Wirkungen im Denken, Fühlen und Handeln hervorbringen, gehört zu den Standardverfahren der Kognitiven Verhaltenstherapie, die auch im Rahmen einer Hypnosetherapie ihren Platz hat. Es besteht auch die Möglichkeit, neue konstruktive Überzeugungen durch geeignete Visualisierungstechniken zum Auftauchen zu bringen. Wenn der Therapeut dem Klienten den Auftrag erteilt, die belastenden Situationen so zu visualisieren, dass sie ihren negativen Charakter verlieren und die gewünschte positive Form annehmen, verändert sich damit auch das Denken, was im Bewusstsein erscheint. Leidet der Patient unter Hemmungen gegenüber Vorgesetzten abweichende Meinungen zu äußern, sollte er in Trance eine Situation visualisieren, in der er das angestrebte Verhalten einschließlich der erwünschten Gefühle zeigt. Fordert der Therapeut ihn auf, die damit verbundenen Überzeugungen und Glaubenssätze zu registrieren, so weisen sie charakteristische Veränderungen auf. In ihrer alten Form kann das Unbewusste des Klienten sie aufgrund ihrer Unverträglichkeit mit dem neuen Fühlen und Verhalten nicht beibehalten. Es sieht sich gezwungen sie so zu verändern, dass sie zu ihnen passen. Damit gelangen wir zu einer Umstrukturierung des Denkens, ohne den Weg über die bewusste Reflexion zu nehmen. Die neuen Gedankenmuster lassen sich dann in der Hypnose bzw. durch Suggestionen im Wachzustand in der Psyche verankern.

Es ist auch möglich, durch direkte Einwirkung auf die alten Muster diese zu verändern. Dies kann durch Anwendung von Gefühlen und Bildern geschehen. Gesetzt den Fall wir benutzen Gefühle als Mittel der Veränderung. Zuerst identifiziert der Klient den negativen Glaubenssatz, dessen Veränderung er anstrebt. Dann aktiviert er ein positives Gefühl wie Freude, Begeisterung usw. und verankert es. Als nächsten Schritt vergegenwärtigt er sich diesen Glaubenssatz auf eine für ihn verständliche Weise. Vielleicht erscheint er als ein Schriftzug vor seinem geistigen Auge oder er nimmt ihn in symbolischer Form wahr. So kann er sich als ein Bild manifestieren, in dem seine Bedeutung in verschlüsselter Form enthalten ist. Danach aktiviert der Klient den Anker und lässt das Gefühl in den verschlüsselten Glaubenssatz hineinfließen. Diese Fusion verändert ihn auf eine Weise, dass er seine Glaubwürdigkeit einbüßt, seine Bedeutung sich wandelt und aus ihm ggf. eine neue Überzeugung hervorgeht, die einen positiveren Charakter besitzt. Manchmal verwirklicht auch ein bildhaftes Symbol eine solche Veränderung. Der Therapeut schlägt das Symbol vor oder das Unbewusste des Klienten entwickelt es spontan. Ein Symbol, das oft sehr wirksam ist, ist weißes Licht. Der Therapeut suggeriert, dass es in die Schriftzüge oder das Symbol, welches die belastende Überzeugung repräsentiert, hineinfließt, sie durchdringt und umhüllt. Wenn das Licht wirksam ist, hat der Klient den Eindruck, dass ihre Glaubwürdigkeit abnimmt oder sogar gänzlich verschwindet. Manchmal löst sich der Glaubenssatz vollständig auf und hinterlässt eine Leere. Ein solches Vakuum ist aber höchst problematisch, da die Gedankenformen nicht unbedingt vollständig eliminiert sind. Es besteht die Gefahr, dass sie wiederkehren, wenn die Situationen auftauchen, in der sie ursprünglich ihre Wirksamkeit entfalteten. Diese Möglichkeit ergibt sich aus ihrer Funktion der Bewältigung von Problemen, die in ihnen gegeben sind. Die alten Überzeugungen hatten zwar negative Konsequenzen, aber nicht ausschließlich. Sie waren durchaus in der Lage, einen Beitrag zur Situationsbewältigung zu liefern, auch wenn er noch so begrenzt war. Da wenig mehr ist als nichts, klammert sich das Individuum an die problematischen Gedankenformen oder an ihre Restbestände, weil sie mehr Orientierung liefern als die kognitive Leere. Es ist daher notwendig, alternative, positive Glaubenssätze zu entwickeln und an die Stelle der negativen Sätze zu setzen. Diese Entwicklung geschieht z. B. im Gespräch, so dass er bereits vorliegt, wenn der alte Glaubenssatz aufgelöst ist. Der Klient wiederholt die neue Gedankenform in Trance, wenn dies geschehen ist. Es besteht auch die Möglichkeit, einen Helfer zu bitten, eine geeignete Alternative für das destruktive Muster spontan zu entwickeln und in der Psyche zu verankern. Wenn dies gelingt, tauchen spontan neue Gedankenmuster auf, welche frei sind von destruktiven Aspekten der alten und mit neuen, positiven Merkmalen und konstruktiven Konsequenzen einhergehen, die das Denken, Fühlen und Verhalten bestimmen. Nicht nur vorgegebene Bilder wie weißes Licht, sondern auch spontan auftretende oder durch allgemeine Suggestionen aktivierte Symbole entwickeln Kapazitäten, destruktive Gedankenmuster zu verändern. In diesem Fall gibt der Therapeut eine Suggestion, die darauf abzielt, dass ein Bild oder ein Symbol auftaucht, welches über das Potential der Veränderung destruktiver Gedankenformen verfügt. Solche Erfahrungen machen deutlich, dass das Unbewusste weiß, wie und auf welche Weise Glaubenssätze zu verändern sind, um negative Überzeugungen in solche mit vorwiegend positiven Inhalten zu transformieren.

Synchronizität als ein Prinzip akausaler Zusammenhänge

Ein seltsames Phänomen mit weitreichenden Konsequenzen für das Verständnis des Zusammenhangs zwischen subjektiven Gegebenheiten und objektiven Faktoren stellt die Synchronizität dar, die von C. G. Jung zuerst eingehend beschrieben wurde. Es handelt sich dabei um eine Verknüpfung von Ereignissen, die nichts mit einer kausalen Verbindung zu tun hat, sondern durch die Gleichartigkeit des Sinnes gestiftet wird.

Der Ausdruck Synchronizität bezieht sich auf zwei oder mehrere Ereignisse, die nicht kausal aufeinander bezogen sind, aber einen gleichen oder ähnlichen Sinngehalt besitzen. Wir haben es hier mit der Gleichzeitigkeit zweier verschiedener psychischer Zustände zu tun, wobei es sich bei dem einen um einen Zustand handelt, der kausal zureichend erklärbar ist. Der andere lässt sich aus dem ersteren nicht kausal ableiten. Jung nimmt an, dass das Synchronizitätsphänomen aus zwei Faktoren besteht:

1. Ein unbewusstes Bild manifestiert sich direkt, was heißt in einem wörtlichen Sinn oder indirekt in Form eines Traums, eines Einfalls oder einer Ahnung im Bewusstsein.

2. Mit diesem psychischen Inhalt korrespondiert ein objektiver Tatbestand.

Gesetzt den Fall jemand träumt, dass ihm eine lukrative berufliche Position angeboten wird, was einige Zeit später tatsächlich geschieht. Für Jung ist es undenkbar, dass zwischen dem subjektiven Inhalt des Traums und dem Ereignis, das zum Zeitpunkt des Träumens noch in der Zukunft liegt, eine kausale Beziehung besteht. Trotzdem stehen sie in einer Beziehung zueinander, die in der Gleichartigkeit ihres Bedeutungsgehaltes besteht. Der Inhalt des Traumbilds und der des realen

Ereignisses, das zu einem späteren Zeitpunkt eintritt, stimmen miteinander überein. Jung charakterisiert die Synchronizität als besonderen Fall des Angeordnetseins psychischer und physischer Vorgänge, das nicht nach dem Prinzip von Ursache und Wirkung erfolgt. Es handelt sich um ein Angeordnetsein heterogener Faktoren, die zusammen ein sinnvolles Muster ergeben, deren Beziehung zueinander nicht durch das Prinzip der Kausalität konstruiert wird. Die Form des jeweiligen Angeordnetseins in einem konkreten synchronistischen Phänomen stellt eine fundamentale Gegebenheit dar, die sich einer weiteren Begründung durch eine wie auch immer geartete Gesetzmäßigkeit entzieht. Es handelt sich um eine irreduzible Ganzheit für ein simultanes Vorhandensein von heterogenen Vorgängen, die nicht miteinander in einer kausalen Verbindung stehen, aber eine Gleichartigkeit des Sinnes aufweisen.

Jung wurde auf das Prinzip der Synchronizität aufmerksam durch ein Ereignis während einer psychotherapeutischen Sitzung. Er behandelte eine junge Patientin, deren Therapie stagnierte, weil sie ihren brillanten Verstand als Abwehrmechanismus einsetzte, um die Therapie zu torpedieren. So gelangte der therapeutische Prozess schließlich in eine Sackgasse, aus der es keinen Ausweg zu geben schien.

Eines Nachts hatte sie einen eindrucksvollen Traum. Jemand schenkte ihr ein kostbares Schmuckstück, einen goldenen Skarabäus. Im alten Ägypten symbolisierte der Skarabäus-Käfer den Sonnengott. Während sie diesen Traum erzählte, hörte Jung, wie hinter ihm leise etwas an das Fenster klopfte. Als er genauer hinsah, entdeckte er ein großes, fliegendes Insekt, das von außen gegen die Scheibe stieß. Jung öffnete das Fenster und fing es, als es durch das Fenster hineinflog. Es war ein Rosenkäfer, der mit seiner grün-goldenen Farbe dem goldenen Skarabäus sehr ähnelte. Er überreichte den Käfer seiner Patientin mit den Worten: „Hier ist ihr Skarabäus!" Dieses Ereignis erschütterte das starre intellektuelle Abwehrsystem der Patientin. Sie gab ihren Widerstand auf und die Analyse konnte erfolgreich fortgesetzt werden.

Drei Kategorien der Synchronizität lassen sich unterscheiden:

1. Es besteht eine Koinzidenz eines psychischen Zustands eines Beobachters mit einem gleichzeitig objektiven äußeren Ereignis. Zwischen beiden besteht kein Kausalzusammenhang, jedoch entspricht das äußere Ereignis, was seinen Sinn angeht, dem inneren psychischen Zustand.

2. Manchmal liegt auch eine Koinzidenz eines psychischen Zustandes mit einem mehr oder weniger gleichzeitigen äußeren Ereignis vor, welches räumlich entfernt außerhalb des Wahrnehmungsbereichs des Beobachters stattfindet. So hat eine Person bspw. die Vision einer Katastrophe an einem anderen Ort, außerhalb ihres Wahrnehmungsbereichs, was erst nachträglich bestätigt wird.

3. Es besteht auch die Möglichkeit einer Koinzidenz zwischen einem psychischen Zustand und einem Ereignis, das noch in der Zukunft liegt und erst nachträglich einer Verifikation zugänglich ist.

Die verschiedenen Formen der Synchronizität legen für Jung die Schlussfolgerung nahe, dass die Psyche im Raum nicht lokalisierbar ist bzw. dass eine psychische Relativität von Raum und Zeit vorliegt. Dies kann bedeuten, dass Raum und Zeit im Zusammenhang mit psychischen Bedingungen stehen oder an und für sich nicht existieren, sondern lediglich durch das Bewusstsein gesetzt werden.

Synchronistische Phänomene hängen ab von den Auswirkungen der Archetypen des kollektiven Unbewussten. Sie stellen unanschauliche, der menschlichen Psyche innewohnende Strukturelemente dar, die sich im Bewusstsein in Form von Bildern und Symbolen manifestieren. Als Elemente des kollektiven Unbewussten sind sie bei allen Menschen gleich, während die archetypischen Vorstellungen, wie sie den Individuen bewusst werden, einer gewissen Variabilität unterliegen, aber nichtsdestoweniger ein bestimmtes kohärentes Grundmuster besitzen.

Charakteristisch für alle Kontakte mit archetypischen Strukturen ist die starke emotionale Resonanz, die sie im Bewusstsein auslösen. Die archetypische Welt aktiviert in hohem Maße Emotionen, derer sich das Ich nicht entziehen kann. Ein weiterer Aspekt dieser Muster ist ihr psychoider Charakter. Sie wirken sowohl auf der psychischen als auch auf der materiellen Ebene und schlagen damit eine Brücke von der seelischen zur materiellen Welt. Treten synchronistische Phänomene auf, so liegt eine Form des Angeordnetseins psychischer und physikalischer Gegebenheiten vor, die von akausaler Natur ist und deren Muster archetypischen Strukturen entspricht. Auch wenn sie vor allem in Erscheinung treten, wenn Archetypen aktiviert werden, so stellen diese nicht ihre Ursache dar. Wäre dies der Fall, wären synchronistische Ereignisse kausal bedingt, was aber ausgeschlossen ist. Wir haben es mit einer Ordnung psychischer und physischer Faktoren zu tun, die den archetypischen Mustern entsprechen, aber nicht von ihnen kausal bedingt werden. Im synchronistischen Geschehen manifestiert sich eine ursachenlose vorgegebene Ordnung, die mit den archetypischen Faktoren übereinstimmt. In ihm wird das archetypische Arrangement sichtbar. Es handelt sich dabei um einen Schöpfungsakt, ohne dass der Archetyp als Ursache wirkt. Es geht hier um ein spontanes Entstehen, das keiner kausalen Determination unterliegt. Synchronistische Ereignisse treten häufig bei Lebenssituationen auf, die hochgradige emotionale Reaktionen hervorrufen, wie Geburt, Tod, Krisensituationen und Umbruchsphasen. Bei den Umbruchsphasen handelt es sich um Lebenssituationen, die auch häufig von äußeren Ereignissen ausgelöst oder bestimmt werden, die sich der bewussten Kontrolle des Individuums entziehen und die mit starken Gefühlsreaktionen in Verbindung stehen. Manchmal treten Synchronizitätsphänomene auch auf, wenn die Person im Begriff ist, wichtige Entwicklungsschritte zu vollziehen. Sie enthalten Impulse, welche sie befähigen, sich neu zu orientieren, alte Verhaltensweisen zu überwinden und neue Perspektiven des Verhaltens ins Auge zu fassen. Nicht alle Ereignisse, die den Charakter der Synchronizität besitzen, haben etwas mit Lebensereignissen zu tun, welche mit starken Emotionen verbunden sind. Manchmal handelt es sich um Phänomene, welche als trivial und bedeutungslos erscheinen.

So geschieht es bisweilen, dass man an einen Bekannten denkt, den man lange nicht gesehen hat, und kurze Zeit später einen Anruf von ihm erhält. Viele Menschen machen solche Erfahrungen, denen sie aber keine besondere Aufmerksamkeit schenken, weil sie ihnen bedeutungslos erscheinen. Wenn sie etwas mit archetypischen Mustern zu tun haben, ist es wahrscheinlich, dass sie vor allem dann auftreten, wenn im Bewusstsein Bilder von archetypischem Charakter erscheinen. Da dies häufig im veränderten Bewusstsein der Trance geschieht, ist zu erwarten, dass die Hypnose Bedingungen schafft, welche die Manifestation von synchronistischen Phänomenen begünstigt. Folgendes Ereignis verdeutlicht einen solchen Zusammenhang zwischen Hypnose und Synchronizität:

Eine Frau, die an Krebs litt, wollte hypnotisiert werden, um ihre Angst vor dieser Krankheit zu bekämpfen. Die Therapie hatte erfolgreich die Symptome zum Verschwinden gebracht, aber sie fürchtete, dass sie jeder Zeit wiederkehren könnten.

In der Trance visualisierte sie eine Frau mit einem weiten Mantel, mit dem sie die Patientin einhüllte, was ein tiefes Gefühl der Geborgenheit in ihr auslöste. Diese Gestalt hatte Ähnlichkeit mit der Darstellung der Jungfrau Maria, die einen weiten, mit Sternen bestickten Mantel trägt.

Dieses Bild der Gottesmutter stellt ein archetypisches Motiv dar, das geeignet ist, starke Gefühle des Beschütztwerdens auszulösen. Einige Zeit später unternahm die Frau mit ihrem Lebensgefährten eine Radtour. Dabei kam sie zu einem alten Bauernhof mit einer Kapelle. In dieser befand sich ein Bild der Schutzmantelmadonna. Auf einem späteren Ausflug mit dem Fahrrad entdeckte sie eine Kirche mit 17 Darstellungen von Maria mit dem Sternenmantel. Obgleich die Frau schon viele Jahre in dieser Gegend lebte, war sie nie in den Kirchen mit diesen Bildern gewesen. Die äußeren Umstände, die Erfahrung in der Hypnose und der Bereich der Kapelle und der Kirche trafen zufällig zusammen. Es bestand keine kausale Beziehung zwischen dem Bild in der Trance und den Besuchen in der Kapelle und in der Kirche. Allerdings verband die innere und die äußere Erfahrung ein gemeinsamer Sinn.

Die Beendigung der Trance

Jede Reise geht einmal zu Ende. Auch die Reise durch die innere Welt. Über ihre Dauer lassen sich keine allgemeinen Angaben machen. Sie kann ganz kurz sein oder sich über einen längeren Zeitraum erstrecken. Manchmal dauert sie nur wenige Minuten, ein anders Mal über zwei Stunden. Ihre Dauer sagt nichts über ihre therapeutische Wirksamkeit aus. Ebenso wenig lassen sich aus der Anzahl der Bilder und der Menge der in ihnen vorkommenden Motive und Ereignisse Hinweise auf den Therapieerfolg ableiten. Auch ihre Verständlichkeit für den Klienten erlaubt keine Rückschlüsse auf ihre Wirksamkeit im Bereich der Therapie. Manchmal kann der Klient sie gut verstehen, so dass eine nachhaltige Verbesserung der Symptomatik eintritt. Dann treten Situationen auf, die gekennzeichnet sind von einer so tiefgreifenden Irrationalität, dass sie sich dem Verständnis des Klienten entziehen. Ungeachtet der Ratlosigkeit seines Bewusstseins kommt es dabei zu positiven Veränderungen. Belastende Symptome verbessern sich oder lösen sich vollständig auf.

Die Beendigung einer Reise durch die innere Welt wird meist nicht durch den Therapieerfolg angezeigt. Der Klient weiß im Allgemeinen, wann der Prozess zu einem Abschluss gelangt ist und die Rückkehr in den normalen Wachzustand erfolgen soll. Wenn der Therapeut ihn fragt, ob er dazu bereit ist, gibt er meist eine klare Antwort. Entweder möchte er die Reise durch die innere Welt beenden, weil ihre Funktionen, die am Anfang gesetzt wurden, zur Erfüllung gelangten, oder dies ist nicht der Fall. Der Klient weiß intuitiv, dass er noch keinen befriedigenden oder der ursprünglichen Zielsetzung entsprechenden Abschluss erreicht hat und er deshalb den Weg weiter fortsetzen muss, bis das Szenario sich entfaltet, das die imaginierte Sequenz abschließt.

Taucht eine Szene auf, die dieses Kriterium erfüllt, so erkennt es der Klient und er ist bereit, in den Zustand des normalen Wachbewusstseins zurückzukehren. Der Therapeut nimmt die Trance zurück, indem er suggeriert, dass sich die Bilder auflösen, die Körperempfindungen sich normalisieren, Frische, Kraft und Vitalität sich ausbreiten und den Körper, das Bewusste und Unbewusste erfüllen. Der Klient soll nun die Augen öffnen und sich wieder im Hier und Jetzt befinden. Nach der Rücknahme der Trance folgt die Nachbesprechung. Der Therapeut fordert den Klienten auf, sich bewusst mit den in der Trance erfahrenen Erlebnisinhalten auseinanderzusetzen.

„Können Sie mit dem, was Sie in der Trance erlebt haben, etwas anfangen?"
„Was fällt Ihnen dazu ein?"

Diese und andere weiterführende Fragen aktivieren bewusste Denkprozesse, welche das unbewusste Material erweitern, ergänzen und klären. Damit verändert der Klient seine bewusste Einstellung und entwickelt neue Überzeugungen, Glaubenssätze und Handlungsweisen, die ihm eine konstruktive Bewältigung der Situationen seines Lebens ermöglichen, die seinem Wohlbefinden und seiner Zufriedenheit dienen.

Die bewusste Reflexion auf das imaginierte, unbewusste Material regt das Unbewusste darüber hinaus an, weitere Aspekte der Dynamik des Unbewussten zu imaginieren und damit dem Bewusstsein zugänglich zu machen.

Literaturverzeichnis

A. N. Amman: Aktive Imagination, Olten Freiburg im Breisgau: Walter 1984

Ernst Peter Fischer: Brücken zum Kosmos, Libelle Verlag 2011

Stephen Gilligan: Therapeutische Trance, Heidelberg: Aua 2008

Tad James: Kompaktkurs Hypnose, Paderborn: Junfermann 2001

Allan Combs/Mark Holland: Die Magie des Zufalls, Rheinbeck bei Hamburg: Rowolt Verlag 1992

C. G. Jung: Briefe Bd. 2, 1946-1952

C. G. Jung: Synchronizität als ein Prinzip akausaler Zusammenhänge, in Dynamik des Unbewussten, Ostfildern: Patmos 2011 S. 459-566

Verena Kast: Imagination, Ostfildern: Patmos 2012

Helmut Kuntz: Imaginationen – heilsame Bilder als Methode und therapeutische Kunst, Stuttgart: Klett–Cotta 2009

Hermann Maas: Der Therapeut in uns, Olten Freiburg im Breisgau 1981

Hermann Maas: Wach-Träume, Olten Freiburg im Breisgau, Walter 1989

Müller/Stickel: Tor zur Trance, Paderborn: Junfermann 2010

Anna E. Röcker: Eine Tankstelle für die Seele, München: Kösel 2013

Marie-Louise von Franz: Psyche und Materie, Daimon Verlag 2003